陈家华名师工作室精品文丛

主编 陈家华

文海蠡测

张志胜 陈家华 陈娇 ◎著

SHIHAI LICE

黑龙江人民出版社

图书在版编目(CIP)数据

史海蠡测／张志胜,陈家华,陈娇著. — 哈尔滨：
黑龙江人民出版社,2018.4(2021.3重印)
（陈家华名师工作室精品文丛）
ISBN 978-7-207-11311-5

Ⅰ.①史… Ⅱ.①张… ②陈… ③陈… Ⅲ.①中学历史课—教学研究 Ⅳ.①G633.512

中国版本图书馆 CIP 数据核字(2018)第 066963 号

责任编辑：孙国志
封面设计：鲲　鹏
责任校对：秋云平

史海蠡测

张志胜　陈家华　陈　娇　著

出版发行	黑龙江人民出版社
地　　址	哈尔滨市南岗区宣庆小区 1 号楼
邮　　编	150008
网　　址	www.longpress.com
电子邮箱	hljrmcbs@ yeah. net
印　　刷	三河市华东印刷有限公司
开　　本	787×1092　1/16
印　　张	11
字　　数	150 千字
版　　次	2018 年 4 月第 1 版　2021 年 3 月第 2 次印刷
书　　号	ISBN 978-7-207-11311-5
定　　价	32.00 元

版权所有　侵权必究　　　　举报电话：(0451)82308054
法律顾问：北京市大成律师事务所哈尔滨分所律师赵学利、赵景波

自　序

一

　　时下作者著书立说，多延请高士名流作序，或邀集书坛名家题词，以此自荐，发扬其学说，光大其声名，此事并不少见，自然无须多言。但如若将书稿交予严肃认真之学者，其自会在通读全文后，再做实事求是之评价，这不禁令我生出忧虑和不安。本人虽驽钝不才，然从业恩师均为学界巨擘，在其悉心教导之下，于史学研究却无寸功，实可谓已辱没师门，忝列门墙。授业之恩此生无以回报，又有何面目再分扰师长同门。因本书成于浙江省推行选修课时的自撰讲稿，行文之初对于课程设想以及对学生期许仍历历在目。思虑良久后，遂决定将作序一事留于自手，借此机会对自身的历史教学进行回顾总结，姑且算它是一个序。

二
课程设置的初衷与愿望

　　此次成书，首需感谢浙江省历史特级教师、台州市教育局教学研究室副主任陈家华教研员。在我最初开设选修课之时，他就一直强调需多些前瞻性思考，不能人云亦云，也无须只为开设而设，做些对学生的成长毫无意义的所谓课程开发。与此同时，他还多次督促我积极申报省市级的精品课

史海蠡测
SHIHAI LICE

程,但遗憾的是我对此事总是后知后觉,以至于申报太迟。待新课标下发后,发现课程内容与其有诸多相似之处,独创性不免大打折扣,不禁令人扼腕叹息。笔者在五年前就已开始给学生分发历史读本,亦曾在路桥中学就职时开设名为《常识》的历史拓展课程。课程设计缘于学生需求,课程内容关于历史哲学的拓展部分在学生中也很受欢迎。因此,学生中流传着许多所谓的"胜哥语录"。而发给学生的历史读本,亦深受学生喜爱,其内容大多取自以历史通识为主题的著述,例如马克·布洛赫的《历史学家的技艺》,葛剑雄、周筱赟的《历史是什么》,沃尔什的《历史哲学导论》,当然还有何兆武所译的关于历史哲学的书籍,在此不再一一列举。此外,我也参考了一批博士学位论文,如赖国栋的《历史记忆研究——基于20世纪西方历史理论的反思》、孙玉良的《历史、理解与真理——狄尔泰"历史解释学"控微》、周建漳的《历史及其理解和解释》、张小忠的《历史、证据与想象——柯林伍德的历史哲学研究》等,笔亦难尽书其名。这些书籍和论文都曾令我豁然开朗,随后又陷入更深的迷茫,许多内容于我而言未必真正全然理解。但对我的历史思考却有着极大助益。我始终希望能够本着符合普通高中学生实际史学基础,使学生有所获益的理念,讲授历史常识的内容。

　　从教数年,长期的史学阅读与教学生涯,在我内心留下诸多不能释怀的问题,而其中最令我忧虑的无疑是能否引导学生通过阅读,明白一些基本的历史常识。在这十几年的班主任兼历史教师的工作经历中,我常感叹如今的学生意志薄弱、颓废无知,也曾指责他们只顾自私享乐,远离严肃、正经的知识;也曾怀疑教师保姆式无微不至的操心关怀并不能使他们幡然悔悟,甚至也有想过选择袖手旁观,以一种超然冷静的态度对待他们。然而曾经的史学训练以及班主任的职业操守总在内心呼唤和挣扎着,让我始终坚守底线。这种呼唤是源于不甘还是使命,我也难以做出定论,抑或有司马迁在《报任安书》所说的"恨私心有所不能尽"吧。

　　不可否认的是,校本课程的开发与选修课迅疾发展的势头对于本课程的产生起到了较大的推动作用。但相较于各种外在因素的影响,通过本课程的教学,追求真正做到对学生有所触动,才是本人设置课程的初衷。现实的教学有切肤之痛,学生对于许多历史的基本常识也未必知晓。我们又常怀杞人之忧,我们始终发问是否选过你的选修课真有什么不一样吗?作为一名历史教育工作者,什么东西让我们终生不渝地去热爱、不懈地去追求?作为开发的选修课,哪是好的知识,能实现其教育功能,在提高现代公民的人文素养方面发挥重要作用的课程。

在这种持续不断的自我追问下,我深刻了解到,开发选修课,必须要以好的知识为基,真正实现其教育功能,能在提高现代公民的人文素养方面发挥重要作用。也就是说,课程设置要以基本理论、基本知识为核心内容,通过课堂讲授与课外实践,使学生在全面系统学习的基础上掌握对历史学本体的认识、历史学基本理论、史料分类、史料认识过程中常出现的各类问题的解决能力。我们对历史知识应有自己的态度,具有分析和解决有关理论问题和实际问题的能力,要适应学生发展和求知的需要,形成一定的历史批判思维能力。此外,还要在教学中加强价值观教育,注意培养学生求真精神和批判思维能力的本领。

课程的实施与效果

《史海蠡测》属于知识拓展类选修课。该课程不同于必修课,是一种面向高中学生的通识类课程。因此,教师在授课中应以高中生能够切实理解为前提,重在学生核心素养的培养,重在历史价值观的形成,重在历史批判性思维的建构。不论是引导学生对"历史是科学还是艺术"的分析,还是举隅于日常学生对史料的误读,都应强调激发学生独立思考的能力,促成学生批判性思维以及精神气质的形成。帮助学生用历史的思维去思考问题,是课程着力解决的问题。虽然我们深知学生目前所拥有的批判性思维是初始的,效果也是有限的,这种情况有些是受限于他们的认知,也有些则是由于目前历史研究瓶颈的局限。但批判性思维特别强调对信息的处理,尤其是对原始资料或未经解释的信息处理,这些对学生的思维品质有极大帮

史海蠡测
SHIHAI LICE

助。在路桥中学实施课程的几年时间里，面向高一、高二学生的选课，人数达30人以上，许多同学走进南官书院，也有同学有意识地结合乡土史学习，如考察杨晨故居、抗日名将陈安宝故居。北师大台州附中的选课情况，也是多达30人以上，尤其是学生通过本课程的学习，走出学校，走进革命老区，高一年级还有同学前往台州市博物馆，担任义务讲解员，收到了热烈的社会反响。

课题实施可谓卓有成效，鉴于这是一门知识性与实践性相结合的选修课，我们避免了以往单纯讲授知识的教学方法，尽量采用"任务型"的教学途径。我们以布置拓展阅读的方式让学生对史学有更深的理解，主要推荐书目包括樊树志《国史概要》、翦伯赞《中国史纲要》、陈旭麓《近代中国社会的新陈代谢》、张岂之《中国历史十五讲》、钱穆《中国历代政治得失》、马克垚《世界文明史》、（美）斯塔夫里阿诺斯《全球通史》等。学生通过阅读经典历史文献，分析各文献对重大历史事件的记载，再由我们引导学生发展历史思维，培养对史料合理质疑的精神。通过阅读文本，培养学生文献阅读能力，初步掌握史料对比的方法，解决史料解读时遇到的实际困难，提高分析问题、解决问题的能力，最终达到发展学生历史核心素养的目标。事实上，无论是在路桥中学还是在北师大台州附中，选修这门课程的学生都认为这门课程对他们很有启发，大大提升了他们对历史的理解。更为明显的是，他们的历史学科成绩均有所提高，而历史学科在本校的平均分和优秀率也都超过了其他学科。

在课程的活动过程中，学生能够真正理解历史，探讨历史事实的客观性，培养其求真的精神。走出学校，走进革命老区，走进温岭坞根的中国工农红军第十三军第二师的诞生地，走进三门亭旁起义纪念碑和纪念馆，走进南官书院，走进台州市博物馆，担任义务讲解员，这些实践在无形中提高了学生对史学科本身复杂性和丰富性的认识，也使得学生能够实事求是的认识问题，对历史抱有起码的温情与敬意，获得认识上的成就感与愉悦感。

这一课程也同样出现在最近一次北师大台州附中面向高一学生开设的选修课程目录中。作为高二历史教师，缺乏任教班级学生基础的情况下,这门课程能否在高一成功开设,这在我收到报名名单之前始终是一个疑虑,况且还需考虑到许多学生更加愿意选择体艺或娱乐性课程。但出乎意料的是,2018年3月的选课结果,由我们开设的《史海蠡测》人数居然最多,这让我感到匪夷所思,许多课程未能成功开设的老师也深表不解。

\multicolumn{4}{c	}{2017学年第二学期北师大台州附中书院课程目录}
书院	课程名称	授课教师	授课教室
登峰书院5	数学竞赛	程、潘	阶梯教室 观澜楼2409
	物理竞赛	徐、元、陈	物理实验室F3中间 观澜楼2305
	化学竞赛	颜、王	高一二楼答疑室 东湖楼4205-4206
	生物竞赛	徐、余	高一三楼答疑室 东湖楼4305-4306
	信息竞赛	孙、顾	机房 樊川楼1510
科技书院8	创客	陈、陶	创客教室 观澜楼5楼西
	3D设计与打印	张、杨、童	机房 樊川楼1509
	航空模型制作及飞行	朱	通用技术实践教室 樊川楼1309
	心"电"感应	林、牟	高一7班教室 东湖楼4303-4304
	汽车中的化学世界	高、鲍	高一8教室 东湖楼4301-4302
	化学数字化实验探究	罗、徐	化学实验室 观澜楼2112 化学专用教室 观澜楼2102
	STEM物理创新实验研究	王、金	物理stem创新实验室 观澜楼5楼东
	生物竞赛创新实验研究	黄	生物实验室 观澜楼2208

续表

	2017学年第二学期北师大台州附中书院课程目录		
书院	课程名称	授课教师	授课教室
文学书院5	中国古代文学作品选	宋（语文组）	高一2班教室 东湖楼4504-4505
	话剧（课本剧）	陈、罗、外聘老师	舞蹈房 广文学堂0108-0110
	英语经典戏剧赏析	徐、胡	高一4班教室 东湖楼4406-4407
	诗词鉴赏	俞、贺	高一1班教室 东湖楼4506-4507
	英语视听说	葛、方	高一3班教室 东湖楼4502-4503
艺体书院6+1	美术造型提升	金	美术教室 观澜楼1203
	专业小提琴	徐	音乐教室3 广文学堂0112-0114
	钢琴流行弹唱	邱	音乐教室1 广文学堂0107-0109
	合唱技术	柯	音乐教室2 广文学堂0111-0113
	校男子篮球队	孙	篮球场、室内篮球 志道楼2楼
财经书院2	财会基础知识	童、王	高一5班教室 东湖楼4404-4405
社科书院3	模拟政协	赵、凌	政治专用教室 樊川楼1402
	史学蠡测	张、陈	高一9班教室 东湖楼4203-4204
	俯仰天地间—— 地理实践力培训	麻（地理组）	高一11班教室 东湖楼4103-4104

　　需要澄清的是，我只是想通过这一例子说明，本书的构想和实施并非凭空编造的结果，许多思考和论述也不仅仅只是对2017历史新课标的附和，它不是应势而述的响应。我承认书中有一些内容同模块1《史学入门》和模块2《史料研读》有较多相似之处。但这些与2017新课程《史学入门》

的许多章节,例如历史与历史学、历史观、读史常识举要、历史解释与评判中出现的相似构想,在几年前我所开设的历史选修课《常识》中就有所提及。《史料研读》中出现的史料分类实物、文献、口述、图像史料,在我的选修课中也有较多表述,在我的浙江省教科院规划课题2014SC303《中历史教科书正文辅助系统的教学实践研究》(2014年结题)亦有相当篇幅的论述。可惜本人志大才疏,每每完成初稿就搁置一旁,以至于如今"拾人牙慧"。然而,这也提醒了我们,在当今中学教师群体中可能正在出现的另一种可怕境况,自以为是地写些材料,让有所追求的学生去阅读未必成熟的文稿,以浪费他们宝贵时间为代价,只顾自己沽名钓誉。两者相较之下,"拾人牙慧"也并非什么值得惋惜的事了。事实上,我一直负责学科文科重点班的历史教学以及12年的重点班班主任工作,在这段漫长的教学生涯中,来自学校、家长及自身责任感所施的心理压力,可能也并不是那些专门从事教学理论研究的专家能够真正体验到的。

三
求学随感

许多伟人仿佛都有一个辛酸苦味的童年,可是在艰辛窘困下成长的却并不全是伟人,更多的会变成骚包。何况同自己的父辈所经历的相比,我们聊起自己的困难痛苦总是显得苍白无力。

家中的环境仿佛我必须要当教师,我的父亲是教师,我们三兄弟有两个成了教师,而我姑父一家则有五人成了老师。家父是真正有才华的人,可惜一生未能施展,他在1965年从金华第一中学毕业,成绩很好,当年的金华一中全省招生,比现在名气要大许多。那时的金一中在1960—1962连续三年全省统考总分第一,被评为"全国红旗学校",海内闻名。那时的普通高校升学需要村里的政治审察,由于政治审察不过关,父亲痛失能去北京上名校的机会。据说几年后,北京那边还曾来电询问父亲为何不能去念书。为了生计,父亲时常外出代课,也因此培养了许多学生,他写一手圆

史海蠡测
SHIHAI LICE

润清秀的赵体字,一人能同时教数理化三门学科。他的辛酸艰苦,我们三兄弟可能都没有真正体会到。家父还有多种手艺,能做竹席、竹席做桶,甚至他还会做农村的土灶,这种手艺一般师傅是不外传的。我小时候,家父会叫我去到祠堂里玩,我那时很不理解其原因。师傅们常常在祠堂做竹席、竹筛、竹匾,父亲会以找我为理由,到那里多看看,然后回家琢磨,渐渐就学会了这些手艺。所以,他对愚笨的我,总似不太满意,我经常能听到他说,"别人书本都编得出来,你怎么不理解,题目还不会做"。初中时,我进了离家很远的一所中学,两周回家一次,一次带的菜就管两周,只能咸菜或是霉干菜。常常需要一个人翻过塔石岭,那儿有彩蝶翩翩、鸟鸣林间、走兽出没,有角麂、穿山甲、蕲蛇、虎纹蛙、猫头鹰等国家野生保护动物,那座山对于现在的青壮年的成人,也不敢贸然翻越,我现在也望山兴叹。"群山连绵起伏,梯田内金黄、翠绿相间,江南特有的山清水秀和绚丽的色彩",这些美丽的风景,我是无暇顾及。在我的记忆里,有一次我走得太累太饿,无法迈步,只能向守山人要些饭食充饥,一位善良的名叫"一田"的伯伯给了我一些吃食,后来母亲遇到他总是感谢再三。如今想来亦多后怕,当年一个只有12岁的孩童怎么也敢孤身一人跋山涉水,翻山越岭。往事翩跹,鼻头酸楚。

高中生活,学费已较贵。记得第一次学费交了80元,那很不容易。我的弟弟读完三年的金华师范学校总共才花了80元。汤溪中学留给我许多美好的记忆,那时单纯质朴的同学许多年后再见,感情依旧不减当年。那时我同女同学讲话很少,以至于毕业后再见,她们都想不起是否曾同班学习。所以我对现在的男生能在女孩子面前眉飞色舞、滔滔不绝,也很是佩服,常以此调侃某种现象。生活依然困难,洗得发白的解放鞋,晒在外面,一个星期后忘了收回,仍然伫立在操场水泥柱下,那时的我并未察觉读书的辛苦。

考入杭州大学后,生活依旧困难,我曾在第五食堂管过食堂纪律,也算是勤工俭学的一种,站岗一个多小时,管一顿中餐,也带过家教。大学里许多风花雪月、浪漫多彩的描述仿佛与我没有相干,便是有真挚的情感,在世俗的尘埃里也蒙上灰色。四年在杭念书，灵隐寺未曾去过，说起来几乎无人会信。母校还是有许多让我热爱的地方，历史系虽被视为冷门，但杭州大学历史系的教授们，对自己要求严格，对学生宽简。回首自己四年大学生涯，专业课老师从不曾点名，公共课除外。老先生们有一个思想，学生不来听课，是我们自己没有讲好，不必听；或者，学生肯定在图书馆，也可不必听。历史楼是没有铃声的，因为促使你不畏严寒酷暑进入教室的，不是铃声，而是你内心的召唤，这就是老杭大历史楼的阙铃之境。2017年两院院士评选后，有人统计，从1977年之后本科毕业于杭州大学的中国科学院院士有6人、中国工程院院士有1人，共7人。这一数据，比许多985都要华丽太多，毕竟杭州大学作为综合性大学，数理化生专业的人数毕竟不多。

老杭大毕业生总是那样不卑不亢，人文学科毕业的甚至有那么一点"爱管闲事"，会有种悲天悯人的济世情怀。中国细菌战受害者诉讼原告团团长王选，毕业于杭大外语系，是金华义乌人，曾放弃留美，辞去教师工作，坚毅执着地走向对日诉讼没有尽头的索赔之路。美国某学者评价她说："只要有两个王选这样的中国女人，就可以让日本沉没。"新闻媒体有一篇名为《杭州"流浪汉"意外身亡，他的遗物震惊全国！》的报道，说的是20世纪60年代老杭大中文系毕业生韦思浩，退休前是中学教师，每月5 000多元退休金，本应有一个幸福的晚年，却生活拮据，还要捡垃圾过日子。老人省吃俭用，把所有钱都捐助给了贫困学生。杭大人有这样的情怀，我并不感到意外。杭州大学历史系的教师能在公开的媒体前直言不讳、针砭时弊地指出事物发展中的不完善之处，而不是精明乖巧地冷冷旁观，我们应该看到，他们为了组织、学校、事业能够更好地发展，不顾自身利益，发出振聋发聩的铮铮直言，而这也将会是教育史上浓墨重彩的绚烂一笔。

于我而言受益良多的是先生们身上带着的求是精神，他们的身体力行，潜移默化，让我不敢忘却教诲。教学上不会迷信各类教条主义，对专家也不盲从，当然这也让我吃了不少亏。理想的课堂总是要实事求是，给学生成长有益的帮助，而不是每一节都体现所谓的先进理念，发展学生能力，空谈些"活动促进学生的发展"这些永远正确的话。许多理念都没有错，错

史海蠡测
SHIHAI LICE

就错在要把最终的结果要求体现在每一步过程之中。我认为，某一节课教学方法因由教学内容、学情和教学目标，而没有必要由以形式视为考察的唯一视角。没有让学生参与形式上的活动，不等于他们思维就没有活动，不等于将来也没有活动安排。许多的素养，也许连成年人、大学生也没有养成，却要求高中生努力做到，形式上的思辨要求每一节课都热闹不凡，但却忽视了内容空泛无趣，并不会给学生带去真正有意义的养分。南宋孝宗乾道年间，应岳麓书院山长张栻之邀，朱熹从福建前往潭州（长沙），朱张两人都是名满天下的理学宗师。两人还举行公开的辩论，这就是著名的"朱张会讲"。朱张二人坐在岳麓书院的讲堂之上，就"太极"等问题展开公开探讨，众学生则坐在下面旁听。"朱张会讲"引来人们极大的兴趣，听讲者络绎不绝，讲堂人满为患，据说听讲者骑来的马几乎把书院前池里的水都喝干了，出现"一时舆马之众，饮池水立涸"的盛况。以学生为中心，并不一定是让学生活动，让他们围绕在低层次的、无意义的所谓让课堂热闹的思辨，朱张会讲，难道不是以学生为中心吗？同样，鹅湖之会上，朱熹强调"格物致知"，陆九渊则从"心即理"出发，认为格物就是体认本心，主张"发明本心"。双方各执己见，互不相让，"鹅湖之会，论及教人。元晦之意，欲令人泛观博览，而后归之约。二陆之意，欲先发明人之本心，而后使之博览。朱以陆之教人为太简，陆以朱之教人为支离，此颇不合。"但从教学法而论，弟子们洗耳恭听，受到大师的启发，本质上其针对学生内心的思辨作用绝不比由学生们自己争辩来得差。

四
从教所思

毕业后，进入路桥中学工作，路中还是非常有底蕴的学校。路中老师有自己的价值判断，有位领导曾私下里说，在路中如果总在考虑争地位、抢荣誉的老师能够上位，那这就不是路桥中学。至少，在很长的一段时间里，我还是相信把勤奋留自己，其他的交给命运。路桥中学有一个很好的传统，业务能力没有过关之前，一般不能当班主任。历史教师要浸淫书海。事实上，我就是在那时购置了大百科全书以及许多专业书籍。在林和平师傅的谆谆教诲和严格要求下，自己勤奋钻研，算得上是成长较快的青年教师。1999年高考成绩班上120分(历史150分)以上的学生有12名。2001年第一届班主任，毕业时就评上路桥区优秀班集体。2007届自己任文科加强班班主任、历史备课组长、文综协调人。在领导、课任老师共同努力下，49人中有22人考入重点大学，超过许多名校的全校总和，班级的重点率达44.9%，吕森同学总分名列台州市应届生第一名，是目前最好的名次。路桥中学高考文科综合高考成绩标准分名列全市第一名，文科综合高考成绩平均分仅次台州中学，这个成绩后来很难超越。2010届再次出任文科加强班班主任、高三历史备课组长、文综协调人。高三(7)班49人中上一本有24人，班级平均分达593.8分，超过浙江省的一本线590分。路桥中学高考文科综合高考成绩平均分名列第三名，仅次台州中学、天台中学。2013届文科加强班班主任、文综协调人。高三(14)班，共40人，班级总分平均分达624.43，超出省一本线619分。39人中考入一本有25人(全校共52人)，纯文科重点率64.12%，也是之前最高的一本比例，创历史新高。另有高分考入中国美术学院1人(综合分全省第25名)。当初文理分科时，前100名有三人最好的名次为49、94、98，前250名也只有13人，原先排名近500的同学也能考进一本线。此外，一个只有40人的班级，家境并不富裕，但是公益捐款全校第一名(班主任没有任何发动)，赢得学生家长的好评。2013年，路桥中学文科上一本人数是三区第一，以至于附近的某区教育局长亲自担任该区一中的重点班班主任。2016届，高三(14)班文科加强班不论是学习、工作都有很好的表现，班级整体一直处于上升趋势。班级最后平均分达612.7分，超出浙江省一本线603分近10分，对照高二文理分科成绩，这是了不起的提高。班级囊括年级段前5名，其中徐弋涵名列全省284名，郑艺佳名列全省364名。

  罗列自己的教学成绩，绝非自矜夸耀。我认为教师最大的收获来自学生的成功，只要不凭空捏造，有据可查，这种罗列无可厚非。甚至某种程度

史海蠡测
SHIHAI LICE

上,对于这种做法的不屑才会让人感到一丝悲凉。现实中,许多成功的教师往往强调他个人的辉煌成果,自己所获的荣誉,例如全国级、省级的赛课大奖。其实这种让教师准备几个月,在大家共同努力下完成的所谓荣誉,诚然主角呕心沥血付出过,但这种付出更多的是集体努力的结果。我个人倡导且认可的赛课,应该是在规定时间内,教师个人真才实学的展现,而非按照剧本集体演绎的舞台剧。此外,当下许多教师以发表诸多论文为傲,教学上投入时间不多。潜心科研,有些成果不能说对学生没有裨益,但如果将时间更多地投入到学生身上,给学生的帮助是否会更多一些呢?于我而言,也常有一些不错的选题,每每动笔,又不得不放下。我总认为,如果一个教师以学生的成功为荣,至少还能说他不是坏老师。

每个人都可以说自己最热爱自己的组织、从事的职业,虽然可能他们的行动正好相反。许多人到单位最晚,离开单位则迫不及待,但是不影响他们的言论自由,更神奇的是他们的话能让许多人相信。执教多年,我仍不敢说热爱教育行业,因为热爱一词高尚得让人感到沉重及至窒息,大学毕业后我曾被一家上市公司录用(那时教师地位没现在高),后又重返教坛。这恐非一般人能做到,故被同窗讥为"书读傻了"。仗着此事,我或许可以腆颜说一句,自己对教书育人还有一份激情,还存一点念想。但转念一想,回归校园,不一定是自己酷爱能多读书的校园生活,也许是因为要在社会上做成事情更难。念及此,曾经的激情和所谓抱负不值一提。

自序写到此仍感意犹未尽,从教这么多年,可能是班主任当久了之故,我总是对学生有许多的不满意和不放心。其实教师好不好,学生最清楚;领导好不好,员工最清楚。既然是要将这门选修课与学生分享,也应让我有机会将自己最想交流的东西稍做梳理和陈述,况且许多学生对我非常信任。曾有学生让我当他的证婚人,我提出自己既无头衔,也无权势和金钱,当下视其为成功的标志,无一样与我有缘。自己是固辞不获,而他的解释是,我们不需要那些。有学生邀请我喝订婚酒、婚宴酒、小孩满月酒,我变得会喝一点小酒。有学生在婚宴大礼中,跪拜行大礼三次,让我呆若木鸡,不知所措,深感愧受跪拜之重。有学生在寒假坐车从天台、玉环赶来,来回几个小时,只为听我两小时讲座,且一个寒假来回折腾两次,理由就是不想错过我的课。其实我没有他们所厚爱仰望的高大形象。在困境风雨里,也曾埋怨外界的不如意,未曾有"何妨吟啸且徐行"的坦然;在默默前进时,也曾悒悒黯然,没有"苔花如米小,也学牡丹开"的绽放;在人生失意前,也会偃旗息鼓,没有"千磨万击还坚劲,任尔东西南北风"的意志。我常同他们说,如果不写下一点什么,似乎灵魂深处会有一些不安。自己抉择的和应变的迟钝,所受的挫折和失望,也许对我的学生还有许多思考。

  从教数年,自己标榜以思想自由、独立精神行事,只服从于正义、公理、善良、正直,事实上并不易以此为圭臬。自己耿直的个性和诚朴率真的行事风格也易招怨,工作中的莽撞和粗心,也会让人不易下得台面。自己的不平则鸣,有些鸣声发现未必是路见不平,可能还是自鸣自怜;自以为有不同的色彩斑纹,其实那些斑斓花纹其实是瑕疵,而自己视为艳若桃花。感谢张文荣、卢献、邵文其、王勇、何光忠几任校长对我工作的理解和支持,他们的心胸和雅量吾辈只能景行行止。行文至此,暂且搁笔,斯为序。

目　录

第一章　历史本体的探索 …………………………………………（1）
第一节　神秘的克丽奥 …………………………………………（1）
第二节　史学是一门不折不扣的科学？ ………………………（9）
第三节　历史是艺术吗 …………………………………………（14）

第二章　我们认识过去的依据 ……………………………………（22）
第一节　何为史料 ………………………………………………（22）
第二节　文字史料 ………………………………………………（24）
第三节　影像史料 ………………………………………………（30）
第四节　口述史料 ………………………………………………（33）

第三章　求真路上的困惑 …………………………………………（38）
第一节　文字未必全信——李建成例 …………………………（38）
第二节　图像未必全信——以教材插图为例 …………………（44）
第三节　图像未必理解——《女史箴图》（局部）为例 ………（49）
第四节　真实的图像，错误的结论——以《甲午中日战争》课例
　　　　　……………………………………………………………（52）
第五节　常识未必可信——以气候变化为例 …………………（56）
第六节　笑话未必可笑——以中国证监会为例 ………………（65）

第四章　我们依然求真 ……………………………………………（69）
第一节　历史事实的客观性问题 ………………………………（69）

— 1 —

第二节　求真不是一个极点,而是一个过程 …………………（74）
第五章　历史思维 ……………………………………………………（78）
   第一节　历史需要思辨性、批判性思维 ……………………（78）
   第二节　如何培养历史思维 …………………………………（81）
第六章　历史需要理解 ………………………………………………（88）
   第一节　为什么能理解 ………………………………………（88）
   第二节　如何去理解 …………………………………………（92）
第七章　历史解释 ……………………………………………………（97）
   第一节　历史解释的本质 ……………………………………（97）
   第二节　历史解释与历史事实 ………………………………（102）
   第三节　历史解释与历史客观性 ……………………………（106）
第八章　当下历史教学常见的教学理论和课程论 ………………（112）
   第一节　当下历史教学常见的教学理论 ……………………（112）
   第二节　历史课程论述论 ……………………………………（123）
参考书目 ………………………………………………………………（150）
后　记 …………………………………………………………………（155）

第一章
历史本体的探索

导读:"历史"二字经常出现在人们的话语中,如"这是一个历史性的时刻""某某的历史时代已经结束"等等,似乎我们能够熟练掌握应用"历史"。可是当有人问起:"你能给我解释一下什么是历史",似乎我们所能给出的答案总是那么差强人意。历史究竟是什么?它的发展又经历了什么?又带怎样的特征?我们带着疑问来探究本章。

第一节 神秘的克丽奥

本课要点:历史是什么、历史的发展

西方文化之源头

在西方文化源头的古希腊神谱中,历史女神克里奥跻身于文艺女神缪斯之列,"什么是历史"的疑问反而成你不说我还明白,你问我反而不懂了。

荷兰历史学家盖尔说过一句很机智的话:"历史是一场无休止的辩论"。对于"什么是历史"这个历史学的根本问题,也是众说纷纭。马克思认为:"历史不过是追求着自己的目的的人的活动而已。"恩格斯则认为:"人们通过每一个追求自己的自觉期望的目的而创造自己的历史,却不管这种历史的结局,而这许多按不同方向活动的愿望及对外部世界的各种各

史海蠡测
SHIHAI LICE

样影响所产生的结果就是历史。"英国史学家卡尔就这个问题给出了独到的见解,给我们以启发。

（克里奥女神）

资料卡片：

爱德华·霍列特·卡尔（Edward Hallett CARR,1892—1982年），在其代表作《历史是什么》中提到："历史是历史学家与历史事实之间连续不断的、互为作用的过程,就是现在与过去之间永无休止的对话。"这一定义表达了两个层面的意思：第一层意思"历史是历史学家与历史事实之间连续不断的、互为作用的过程"，"历史学家与历史事实之间彼此互为依存。没有事实的历史学家是无本之木,没有前途;没有历史学家的事实是死水一潭,毫无意义。"第二层意思是"现在与过去之间永不休止的对话"，"历史学家所研究的过去不是死气沉沉的过去,而是在一定程度上仍旧活跃于现实生活中的过去。"

第一章　历史本体的探索

卡尔和他的《历史是什么?》

　　半个世纪前,卡尔在谈论"历史是什么"的时候,很担心有人认为这个问题毫无意义或者提得多余。另一位英国历史哲学家沃尔什(W. H. Walsh,1913—1986年)也大声向学术界呼吁:既然你们已经普遍同意科学哲学完全是一门真正的学科,那么至少也该以其形式而承认历史哲学的可能性。1972至1973年间,法国哲学家雷蒙·阿隆在法兰西学院以"什么是历史?"为题作演讲时,仍担心此类研究"可能是最让人吃力不讨好"的事情。当时,分析批判历史哲学的研究在有些国家(如苏联及东欧国家)被视为一种概念的游戏,是资产阶级史学家的故弄玄虚。职业的历史学家会认为这是一个完全没有用的问题,而且会增加许多思想上的混乱。半个多世纪以后的今天,卡尔的担心似乎仍然存在,尤其是在缺乏自觉的反思意识和自我批判精神的中国学术界,对史学自身的讨论和研究仍然会受到人们的质疑。

　　历史研究者很少,也很不习惯,甚至很不情愿去反思自己的研究活动,反思乃至批判自己所使用的研究工具——理论、方法和概念的合理性。

中国人所说的历史

　　历史仿佛已是妇孺皆知的概念,可是真要说什么是历史心中不免惶

史海蠡测

SHIHAI LICE

恐,想到自己历史教学从事已近二十年,这个问题也未认真追问明白,实是惭愧至极。

《说文解字》对"历"的解读,歷"从止","止"在甲骨文和金文中的字形就是一只脚,表示人走过,解释是:"历,过也。传也。""过"是空间的移动,《徐霞客游记·游雁荡山日记》中有:"一步一喘,数里,始历高巅。"而"传",则是表时间上的流动。史在古代指记事的官吏,如:"太史"。《礼记·玉藻》中的:"动则左史书之,言则右史书之。"《说文解字》的解释是:"记事者也,从又持中。中,正也。"保持公正的态度记事。

("历"字金文、篆书)　　　　　("史"字甲骨文、金文)

历与史的关系密切,但在中国古代学术分类却很少连用,因为通常所说的历史,在古代用史就能概括,如史家、史学、史德、史才、史料、史法等。较早应是《三国志》中称赞孙权的记录:"吴王浮江万艘,带甲百万,任贤使能,志存经略,虽有余闲,博览书传、历史,籍采奇异,不效书生,寻章摘句而已。"[①]在此处的历史,指对过去事实的记载,同今天作为术语的历史尚有差异。

知识链接:

"史"的演变。秦以前,"史"一般是指史官。如《左传·襄公二十九年》记"史不绝",即指史官没有中断记载之意。《论语》中有孔子所说"吾犹及史之阙文",以及后来孟子说的"其事则齐桓、晋文,其文则史"。这里

---

① 《三国志·吴主传》裴松之注引《吴书》。

的"史"指的都是史官。赋予"史"以史书的含义,是在秦汉之际。《吕氏春秋·察传》记:"子夏之晋,过卫,有读史记者曰'晋师己亥河。'"这在古书传抄之误上是一个很有名的故事,也可能是最早出现把"史"与"记"结合起来称作史书的例证之一。"史"被赋予史事即客观历史的含义,是要到盛唐时期。刘知幾在《通史·古今正史》中讲到"世言汉中兴史者,唯范、袁二家而已。"这里所说的"史"就是指史事即客观历史的含义。"史"发展到"史学"很有可能始于东晋十六国时期,当时设史学祭酒。后来史学更是作为官学之一,如宋明帝泰始六年,"初置总明观祭酒一人,有玄、儒、文、史四科,科置学士各十人。"

历史作为人文学科的学术术语,较早见于1896年梁启超的《变法通议·论女学》写道:"日本之女学,约分十三科……五历史……"黄遵宪在《日本杂事诗》也说:"有小学校,有学科曰读书,曰习字,曰算术,曰地理,曰历史。"近代的许多学科术语来自日语,并且引入的现代人文学科学术也应是受日本的影响,而不必说我们自古有之。

历史何以存在?关于历史的追问首先涉及时间性问题。没有时间,就谈不上经历,正如海德格尔所指出的,"历史性植根在时间性中"。日常的钟表、日历计时工具,本身以时间的存在为前提,但却并非时间本身,更无法为时间提供根据。若是时间停止,将会如何?如果公元626年李世民登基的时候神秘地停止了,那么,我们今天是否可能"历史地"置身于2015年这一时间轴线呢?因此,没有时间的世界似乎是难以想象的。我们自然而然地会产生这样的错觉,似乎我们以上所说的只是时间的意义而不是时间本身。例如,对于一个"年年都是16岁的人"计算岁数毫无实质的意义,但时间似乎仍然在滴答中匀速流逝。历史的时间性,表明研究的意义最终应该提供给我们的是:对时间长河中人类社会发生演变历程的全景画面提供帮助。最后,在史学研究中,是否能将所研究的历史局部放在正确的历史视野中,即历史感的有——亦是决定研究水平高下的关键因素之一。

史海蠡测
SHIHAI LICE

资料卡片：

历史是人类全体的传记。　　　　　　——陈衡哲《西洋史》

客观存在的历史和史家撰写的历史是不同的概念，但并不是截然对立的。

——徐蓝（首都师范大学历史系教授、博导）

我们通常说的历史包括什么内容呢？《辞海》提到："自然界和人类社会的发展过程，也指某种事物的发展过程和个人的经历：地球的历史人类的历史。""台湾教育部门"国语推行委员会《重编国语辞典修订本》有三层含义：其一，过去事件的总称，特别指重大的事或具有影响力的发展。如，想了解我中华民族的源流，便须了解我们的历史。其二，其记载或讨论过去重要事件、发展的文献。如，历史可作为计划未来的借镜。其三，以历史为研究对象的学科。如，历史是中学的必修科目。1996年，何兆武在《史学理论研究》杂志上发表一文，阐述了他对历史学学科性质的理解。何先生把历史学分为历史学Ⅰ与历史学Ⅱ两个层面，他认为：历史学Ⅰ是科学，历史学Ⅱ则是哲学。什么是历史学Ⅰ、历史学Ⅱ呢？何先生认为：历史学Ⅰ就是对史实或史料的知识或认定；历史学Ⅱ则是对历史学Ⅰ的理解或诠释。我们可以这样认为，历史既包括时间长河里发生的事实以及对它的理解和解释。

在正面意义上，必须指出，"历史不容假设"的信条只在历史Ⅱ的层面上才是有效的。由于历史Ⅰ有存在上的优先性，历史不但允许假设，而且关于不同可能性的设想构成历史思维不可或缺的环节，在我们对历史事件及人物的成败是非的探讨中必已隐含着关于不同可能性的设想。进而言之，历史假设在福格斯关于美国早期铁路与西部经济发展关系甚至还被系统运用并取得创造性发现的思想方法，而牛津大学的尼尔·弗格森更以专书

终不果成其宫室者矣。犹须好是正直,善恶必书,使骄主贼臣,所以知惧,此则为虎傅翼,善无可加,所向无敌者矣。脱苟非其才,不可叨居史任。自夐古已来,能应斯目者,罕见其人。

材料2　苟史官不绝,竹帛长存,则其人已亡,杳成空寂,而其事如在,皎同星汉。用使后之学者,坐披囊箧,而神交万古;不出户庭,而穷览千载。见贤而思齐,见不贤而内自省。若乃春秋成而逆子惧,南史至而贼臣书。其记事载言也则如彼,其劝善惩恶也又如此。由斯而言,则史之为用,其利甚博。乃生人之急务,为国家之要道。有国有家者,其可缺之哉!

1.根据材料1概括刘知幾认为史家应该具备哪些才……除此之外,你觉得史家还应具备怎样的品质?

2.刘知幾提出史学具有哪些功能?结合何兆武对历史学的解释,如何才能更好发挥史学的功能?

第二节　史学是一门不折不扣的科学?

本课要点:历史的特征、历史的科学性

在西方学术史上,历史学从她诞生之日起,就不曾被人们视为科学。在古希腊时期,科学是一种求得"真知"的学问,历史知识不属于"真知",历史学也就不属于科学。这样的划分,并不是古典时代的人们有意要贬低历史学的作用和价值,相反,史学与"诗"并立,由缪斯女神之一克丽奥(Clio)女神司职,地位崇高,职能神圣。古典时代的史学家,看重的是史学的艺术性功能:它陶冶人的情操,提升人的智慧和提供道德评判的依据。那时,历史学家没有什么非分之想,也不会因为历史学不能提供"真知"而烦恼。

知识链接:

世界各国史学之演进,最早应追溯及神话与史诗。在文字创造以前,祭神巫祝、行吟歌颂,通过世代的口耳相传,为后世保存了先民对自然与社

史海蠡测
SHIHAI LICE

会最初的活动记录。随后，文字即兴，文化渐启，口耳相传的神话与史诗，遂被文人屡经删改采入诗词戏曲，这便是我们今日所见到的各民族的神话与史诗。神话与史诗，是反映每一个民族在步入文明时代之前的一面镜子，它反映了人类处于萌芽状态的文学、史学、哲学、宗教、伦理等原始先民的最初意识形态。因此，史学史也必须从神话与史诗开始，世界各国概莫能外。

——张广智《西方史学史》

古典时代结束以后，历史学的地位也随之改变。史学成为神学的一个分支，它的责任和使命就是在世俗世界的历史里论证宗教神学的合理性，为其作佐证和解释。如果那时有什么科学的话，那么，承担这种责任和使命的研究学科，都是最重要的、无可怀疑的科学，史学的地位不仅崇高，而且神圣。

知识链接：

尤西比乌斯（Eusebius，约263—339年），巴勒斯坦恺撒里的主教，著有《编年史》《教会史》《巴勒斯坦殉教者传》《君士坦丁传》等。其中《编年史》被认为是教会编年史中最大的一部。它记载始于亚伯拉罕出生之年，即基督诞生之前2015年，至于公元324年。其《殉教者传》记载基督教传播中圣徒事迹，开创以圣徒、殉教者为中心的记传类型，这也是神走进史学的典型代表。

自近代自然科学产生以后，科学才有了特定的含义，并成为一切学问的成功典范。历史学究竟是一门怎样的学科，见贤思齐，历史学家自然而然地产生了一种新的期望和追求——向自然科学看齐，以便使史学成为一门真正意义上的科学。于是，历史学开始了学科史上的科学化历程。看它是不是一门科学还是只是一种艺术，这些在其他学科里不会有的问题，或者是被视为理所当然的事，在历史学中却充满了疑问与分歧。哲学家康德有一句名言：在哲学上不首先去探讨认识的能力和性质，而径直着手去认识世界的本质，就好像飞鸟要超过自己的影子，那是一桩完全不可能的事。深受康德影响的英国历史哲学家柯林伍德将康德的这一观念变为他反思史学的宗旨：历史学家如果没有对自己的了解，那么，他对历史的了解总是不完备的。

史学的第一次科学化的努力，始于18世纪，其实践者就是思辨的历史哲学家，其中最具代表性的学者有维科、康德、赫尔德、黑格尔，以及20世纪最后两位思辨历史哲学家斯宾格勒和汤因比。思辨历史哲学家们为后人留下了宝贵的思想财富，富有哲理，充满睿智。读他们的著作，能体会到一种强烈的对整个人类命运的关爱和对人类前途的忧患，这正是历史学的根本精神和史学家的根本责任。

思辨历史哲学的研究试图在历史发展中能发现一种规律———一种牛顿式的规律。历史学如果能够找到这种"放之四海而皆准"的普遍规律，那么，它就可以当之无愧地跻身于科学的行列。然而，这种努力及其实践，在19世纪就已经受到学术界的批判，特别是思辨历史哲学家们常常为自己心爱的理论而不惜以"普罗克拉斯提斯"的方式来处理史实，这就违背了历史学的基本原则，破坏了"历史事件的完整性、叙述与文献的统一性和发展的内在性"。

知识链接：

阿诺德·约瑟夫·汤因比（1889—1975年），作为"新斯宾格勒派"，对斯宾格勒的文化形态进行继承和发展，对人类历史发展的客观进程做出整体性与综合性的考察。在其著作《历史研究》中，他抛弃传统史学中的国别史和断代史的概念，而以一个个文明（或社会）代之。以"挑战与应战"解读文明的起源、生长尺度、衰落原因以及解体。试图以"挑战与应战"原理解释人类历史发展的普遍规律，从而佐证历史学科属于科学行列。

史海蠡测
SHIHAI LICE

《时代》周刊上的汤因比

> **学思结合：**
> 你认为汤因比的"挑战与应战"原理能否解释人类文明发展的普遍规律？

18世纪被称为哲学的世纪，19世纪则是史学的世纪。当历史车轮进入史学世纪时，新一轮的历史学科科学化的努力又开始了，其实践者就是19世纪执西方史学牛耳的客观主义史学，大名鼎鼎的兰克学派可以看作是这一实践的代表。兰克学派的口号是：如实地说明历史，历史学家的工作就是发现史料、考订史实、建立起客观的历史知识。在这个口号的指引下，整个19世纪的史学取得了巨大的成就。

> **学思结合：**
> 查阅资料，为什么说19世纪是史学的世纪？

科学和科学知识无疑有共同的特征，历史学者认为有许多的相似之处，能使历史跻身科学之列。

	科学研究	历史研究
研究对象	人类周围的世界	人类的行为
研究方法	有方法获得,系统地加以叙述	对一种明确题材(人类过去的行为)的考查,使之不断精确地认识
普遍的规律	由普遍的真理构成,至少包含它们	追求客观意义上的历史规律至少也是研究的一部分内容
关于预言	做出成功预言,能控制事件未来的进程,至少是某种程度上	不能预言,但却常常处于一种要做出预言的地位
价值	研究一般的规律,考察的是永远如此的东西,普遍判断。规律科学,制定法则	研究特殊的事实,现实事件的一次性的特定的内容,实然判断。事件科学,描述特征

促使科学突飞猛进地发展也是现实的需要,而对过去的研究可以为事件的未来投射一道光明,当然这是老生常谈。历史学家对过去的关切乍看那么无所作为,但是若过去与现在毫不相干,我们还会对它有任何兴趣吗?历史研究与科学研究许多地方确有相似之处,英国史学家伯里关于"史学是一门不折不扣的科学"的论断,更是此一倾向为人熟知的典型代表。故马克思认为:"我们只有唯一的一门科学——历史科学"。

课后延伸:

材料1 著名历史学家傅斯年(1896—1950年,山东聊城人)提出"史学即史料学"的主张。他认为史学家的责任就是"上穷碧落下黄泉,动手动脚找东西"。史学的对象是史料,史学的工作是整理史料。"历史本来是一个破罐子,缺边掉底,折把残嘴,果真如我们一整齐了,便有我们主观的分数加进去了。"所以在史料整理上,他主张,只要分类,而不要抽象与概括。只要把材料整理好了,则事实自然显明了。一分材料出一分货,十分材料出十分货。两件事实之间隔着一段,把它们联系起来的一切设想,自然有

史海蠡测
SHIHAI LICE

些也是多多少少可以容许的,但推论是危险的事。材料之内使它发见无遗,材料之外我们一点也不越过去说。

材料2 以兰克(Leopold Von Ranke,1795—1886年,德国人)为代表的客观主义史学家,非常重视史料的收集,更强调对史料的考辨,提出要做史著必须运用原始材料,而事件目击者的记录则被视为"最高见证"。对于史学家则无党无偏,如实直书。史家撰史必须超然于政治和宗教之争,辨别真伪而不论断是非,倾全力于史实的铺叙与人物的描述而不妄加评断。

1. 材料1、2对历史学的主张有什么共同之处?
2. 对于材料1、2的观点用于佐证历史学的科学性,你认同吗?
3. 查阅资料谈谈兰克学派的优缺点

第三节 历史是艺术吗

本课要点:历史本质研究、历史的艺术性

20世纪以后,分析的历史学成为西方史学理论界的显学,后继者有柯林伍德、克罗齐、沃尔什、波普尔等等。从表面上看,分析批判历史哲学的研究大多极其抽象,与史学实践相隔甚远,对史学家的影响微乎其微。但是如果长远考察,在促使和推进历史学由18—19世纪的"规律史学""史实史学"逐渐转向20世纪的"理解史学"的过程中,分析批判历史哲学的理论研究功不可没。同样,在20世纪80年代,这些学术著作和观点,对于正处于转型时期的中国史学界也产生了巨大的冲击,尤其是他们那些"蛮横极端"的名言,如柯林伍德的"一切历史都是思想史",克罗齐的"一切历史都是当代史",一度成了校园学子的"口头禅"。我们可以不同意他们的观点,但不能无视他们的存在。只要你踏入这个"研究领地",就无法回避或绕过他们给我们留下的种种难题。

第一章　历史本体的探索

资料卡片：

"一切真历史都是当代史",这是意大利学者克罗齐1917年提出的著名命题。1947年1月,朱光潜先生在《克罗齐的历史学》论文中探究克罗齐的史学思想时,曾对这一命题做了如下阐发:"没有一个过去史真正是历史,如果它不引起现实底思索,打动现实底兴趣,和现实的心灵生活打成一片。过去史在我的现时思想活动中才能复苏,才获得它的历史性。所以一切历史都必是现时史,……着重历史的现时性,其实就是着重历史与生活的连贯。"

在原初形态上,"文史不分"乃中外通例,从司马迁到希罗多德,其史著不但为"史家之绝唱",亦为"无韵之离骚"。近代以降,自然科学在激动人心的凯歌行进中,它在确立宗教神学的优势地位的同时,在人类知识领域内亦构建了某种"科学帝国主义"的话语霸权,在这一背景下,有关于史学科学化的思潮及由此产生的史学的科学与艺术双重性争论。兰克及其所代表的史学在科学化方面扮演了重要的角色,其"史学唯一的任务即对历史如其所是的展示"名言是史学与哲学、道德及艺术抗衡分野的"独立宣言"。与此同时,关于史学在学术王国中特殊性与独立性观点一开始就是自觉历史哲学反思的核心观点,在近代自然科学的一统天下中,史学独特的认识论特征及其在学术中的地位辩护是近代历史哲学开宗明义的根本动机。在反科学主义的史学家中,维柯、狄尔泰开其先河,20世纪英国史家屈维廉则为其中的健将。他旗帜鲜明地指出:"我得出这样的结论:把历史同自然科学相类比的做法,在过去三十年里错误地引导历史学家离开了他们原来职业的正确道路。在关于过去的知识里,没有实用的价值,也没有科学地演绎得出关于全体人类的行为的因果规律的方法。总之,历史的价值不是科学的。"他批评道:"在现在所写的历史中,因科学而牺牲艺术的情形比因艺术而牺牲科学的情形多十倍。"

史海蠡测
SHIHAI LICE

知识链接：

两种不同的史学范型。古希腊历史学家希罗多德(约公元前480年至约公元前425年)被称为"历史学之父"，其著的《历史》是西方最早的一部历史著作，故事的精彩和丰富性可以和司马迁的《史记》相媲美。其中共九卷，分别用古希腊神话中掌管文学和艺术的九位缪斯女神命名，因此也称《缪斯书》。文笔流畅、亲切优雅。词汇清晰简洁，字里行间富有宗教色彩和诗意，被称为是一部散文体史诗。以希波战争为主线，生动地叙述了西亚、北非以及希腊等地区的地理环境、民族分布、经济生活、政治制度、历史往事、风土人情、宗教信仰、名胜古迹等，开创叙述史体裁的先例。

修昔底德(约公元前460至公元前400/396年，曾任雅典十将军委员会成员。关于他的去世，古代作家则有不同的记载。如普鲁塔克认为他是在写作时遇刺身亡的，因此修昔底德也成为唯一一个被挤在死于非命的古典作家。但近代学者对此有所质疑)的著作《伯罗奔尼撒战争史》以时间为线索讲述了以雅典为首的提洛同盟与以斯巴达为首的伯罗奔尼撒联盟之间的一场战争，几乎涉及了当时整个希腊世界。该书开创西方编年体体裁，成为西方传统史学的范型。

值得关注的是无论希罗多德还是修昔底德，他们都提出史料的真实性。希罗多德曾花十年时间游历，为《历史》收集可信的一手资料。修昔底德更是耗30年伯罗奔尼撒战争收集资料，并对所收集到的史料进行严格的批判，初步提出史料批判与考证方法。由此可见，早期史学在表述上虽受文学影响，但也表现出自己的学科个性。

资料卡片：

英国史学家屈维廉（George Macaulay, 1876—1962, Trevelyan）在其《克莱奥——一位缪斯》中提到："在历史业务的最重要的方面，历史（学）并不是一种科学的演绎，而是一种对于最可能的概括的想象的猜测。"历史学由于研究对象是千万个不同的心灵，历史学家不可能在这些心灵间找出共性。因此历史学科的价值不在于科学性，而在于它的教育功能。屈维廉还认为史学家在积累资料和鉴别整理资料过程中，遵循着一套科学的方法，只有在这个意义上历史学才是科学；史家在经过整理过的史料基础上，对有关问题做出推测和概括，其结果就不是历史规律；历史学家用文学形式把上述两个步骤的结果表达出来，这显然是关于叙述的艺术。

双方围绕史学认识论性质与学科定位争议的根本问题是史学到底属于科学还是艺术或史学之为学术是否具有不同于其他科学的特殊品格，而这一分歧在各个具体问题上有不同的表现形式：在史学认识模式方面，它表现为"理解"与"解释"的对立；而在历史认识的客观性问题上，则有绝对客观主义立场与相对客观性之争；此外，诸如史学所谓究竟是"叙述"还是"问题研究""史学叙述"与"文学叙述"间是否可以划出传统所谓纪实的与虚构的实质性界限等等，都存在与上述史学的学术定位问题有关的不同思想倾向。

从根本上说，史学的科学与艺术的二重性与史学是人学而非物理学（广义）有关。作为人类自我认识的文化形式，史学如维柯等早已指出的那样具有研究者与研究对象主客同一的特征。在此，一方面，人类的出现在原先单纯决定论的物质运动中增加了人的意识与意志这样的主体性因素。从话语的角度观察史学与其他学科，一个十分显著的现象，就是史学几乎是唯一以日常语言入话的学科。虽然各门科学虽其最终经验根基亦在宏观经验领域中，但与科学的常识相比，科学之为科学，其关键就在于通过实验手段引进与发展的达到对经验现象内部复杂头绪的理论抽象与分析，进

史海蠡测
SHIHAI LICE

而在实践中达到对自然力的变换与操控。在本质上,科学用非自然的人工符号构建的理论世界是科学家的家园,它对于普遍人来说是不开放的。哲学与逻辑等亦是如此。相反,史学则与文学使用着同样的语言,它是直接对普通人说话的,其所使用的语言游戏与我们在生活世界中所用的同为一类。也正是因为如此,史学,至少是在其传统的言说方式上,往往是用民众熟悉的叙事方式,并使之成为自己的话语方式。并且,史学家往往"从小说家和剧作家那里借用了许多窍门","他强调异常的、有趣的事实,引用历史人物的机智言论","迎合了对异国情调的普遍趣味","提供历史人物的许多生动的细节",以此为"取悦读者"的手段。凡此种种,都内在地决定了史学的艺术或文学维度。

在批判分析史学的代表学者柯林伍德这儿,历史学的艺术性则被大大强化了,远超出了它的科学性。在《历史的观念》一书中,他提出了一个著名的论题:一切历史都是思想史。他批判了实证主义的历史思潮,力图将历史学与哲学联结起来,他认为历史学虽然也基于事实,但历史事件并非仅仅是现象,仅仅是观察的对象,而是要求史学必须看透它并辨析出其中的思想来。他抨击剪刀加糨糊史学,认为史家是无法回避思想理论的,只有通过思想,历史才能从一堆枯燥无生命的原材料中形成一个有血有肉的生命。可见历史学被注入了思想的血液,几近一门艺术了,那它的科学性必然大打折扣。

柯林伍德和他的《历史的观念》

第一章　历史本体的探索

资料卡片：

　　历史的叙事、评判与信念，离不开思想的主观判断。历史的因因果果，是非定论，无一不是思想纵横驰骋的结果。历史贯穿了人独有的文明动机，人们想借历史来改进和完善现时的生活。这种改进是通过对以往生活的理性反思实现的。历史不是对过去事件的剪贴，而是精选和浓缩，它着眼于事件背后的思想动因，通过一种具象的语言，即叙事的形式来承载某种思想。而且，这种思想不仅在当时产生了影响，并且能够持续地影响后世。史实只是思想的载体，历史真正想做的是把思想传承下去。历史是人类发展过程的精选集，对此做挑选记录的是历史学家。他们决定了什么能成为历史，什么只能成为故事甚至被遗忘。所以我们看到的，是历史学家想要给我们看的历史，而非历史的全部。而且这些叙述也并非都是求真的。况且，历史学家记录历史的过程，并不是消极的复制，而是对历史情景进行重新描摹，他们有意无意地把自己介入到事件中，依据自己的判断对事件做出评价，因而每一次描摹都会带入历史学家的个人的知识与见解。我们读史的时候可以明显地感觉到历史学家的个人色彩，如司马迁对游侠的推崇。历史事件从来不是价值中立，它从被写上史书之时起就已经涂上了历史学家的思想。

学思结合：

　　历史学家弗劳德主张历史可以随心所欲地写，"因为所谓历史事实不过是孩子们的一匣子字母片，我们要把它们拼成什么字就能拼成什么字。"在他看来，历史就是戏剧，是为了教育个人，鉴往知来，所以，他书里史料的错误俯拾皆是，偏见、妄断随处可见。

　　思考：弗劳德关于历史观点是什么？结合所学知识谈谈你对他观点认识。

史海蠡测
SHIHAI LICE

　　自后现代主义史学思潮兴起，他们以独特、叛逆的观点冲击传统史学。后现代主义史学对传统史学造成极大的冲击。后现代主义对传统史家提出的"历史是连续不断发展""历史具有统一性"提出挑战，他们认为人类历史的发展是断裂和不连续性。如此在后现代主义的观点里，历史研究的客体受到质疑，始终连续的客观历史的发展受到质疑，那么在历史研究中寻找普遍规律来解释历史便变得无稽之谈，历史作为一种科学的依据再次被推翻，似乎历史更加偏向于一门艺术。虽然后现代主义史学的观点比较偏激，为主流历史学家所诟病，但从中也可以引发近代以来对于历史是一门科学还是一门艺术争辩的反思。由于历史学的组成部分使其自身便存在矛盾，更难以对科学还是艺术一锤定音。最终关于历史学的定性或许可以引用海登·怀特的观点："历史学作为一种科学似乎具有很大的局限性，科学的层面似乎只存在历史学的方法论上。而历史学的结论，或者说历史学作为一个整体，则不是科学，而是人文，或者说更像一门艺术。历史学根本无法通过试验来获取同样的结果，无法复原人类创造历史的原貌。科学只是帮助历史学实现了某些科学的手段或并不能将历史学完全改造为科学。历史真相是一个客观实在，永远无法获知和掌握这个实在的历史真相。历史学是一门常说常新的艺术，人的文化的学问，它永远都不会固定在任何一种模式之中。"由此我们可以理解为历史的研究过程是具有科学属性的，而历史学家诠释历史便已经表明历史具有艺术性的一面，如对于历史人物岳飞的评价，100个历史学家可以塑造出100个岳飞，当然在塑造岳飞的过程中，历史学家会根据史料，在诠释岳飞这个人物的功过中便会掺入历史学家的主观性、时代背景、史学修养等，由此更加证实历史的艺术性的一面。

　　关于历史学是科学还是艺术的探讨似乎可以告一段落了。就目前而言，历史学的艺术性更具合理性。历史的科学性一面有待历史学家们更加深入发掘。尽管如此，我们大可不必受近代工业文明的影响，自行贬低历史的地位。历史的诠释尽管使历史偏向艺术性一面，同时也使历史具有独特的魅力，史家的不同诠释使枯燥的历史充满生命力，更加富有魅力。历史学的更大魅力并不是在于找到一条放之四海而皆准的规律，而在于通过不断诠释历史，追求真理。

　　如狄尔泰的哲学理念是生命哲学，他以此归纳出历史学与自然科学的两大差异:其一,历史是人的精神生命,而自然界谈不上这一点;其二,对精神生命的研究,只能是内在的体验,而自然科学是因果的解释。文德尔班的研究路向也侧重在"异"的一方,但与狄尔泰稍有不同。他以价值哲学为基点来展开他的历史个别论,认为历史不同于自然界的特殊之处就在于它的个别性与价值性,其不可重复性,反映了个别的不可替代的价值。

学思结合:

历史除了具有科学性与艺术性两个特征,还具备哪些特征,请举例说明。

课后延伸:

1934年,英国历史哲学家卡尔·波普尔(1902—1994年)出版的《研究逻辑》一书中提出了"覆盖定律模型"。其中提出历史解释已不是那种普遍常识的解释,而是对社会学、人类学、语言学、心理学、经济学等诸多学科总结出来的定律加以解释。这就有助于历史学与社会科学之间的交汇与沟通,强调历史学同自然科学和社会科学在方法论上的统一性,探讨历史解释和历史认识的客观性等问题。"覆盖定律模型"是在继历史是一门科学还是一门艺术的争论之后,提出的如何获得科学的历史认识,反映了现当代历史学的发展。

卡尔·波普尔

查阅"覆盖定律模型"相关资料,尝试用覆盖定律模型解释历史现象。

史海蠡测

第二章
我们认识过去的依据

导读：法国史学家布洛赫（MarcBloch，1886—1944年）将历史定义为"历史是人在时间中的科学"。历史是人类社会过去的事实，或是人类社会过去事实的记载或阐释。历史具有过去性，不可重现，也不能进行直接观察，历史学家要获取历史知识，必须借助于历史认知的中介——史料。史料是人们用于连接过去和现在的纽带，史料是进行历史研究和历史教学的基础，人们对历史的研究和认识离不开史料。

第一节 何为史料

本课要点：什么是史料、史料的分类

什么是史料？G·拉布达认为："史料可以是任何心理的和社会的遗物，它们是人类劳动的产物，同时又参与社会生活的发展。"我国著名史学家梁启超认为："史料者何？过去人类思想行事所留之痕迹，有证据传留至今日者也。"白寿彝也说："史料亦即人类社会历史在发展过程中所遗留下来的痕迹。"由此可见，史料即是人类社会在发展过程中遗留下来的，且能帮助人们认识、理解和重建历史发展过程的痕迹。

历史上的史料汗牛充栋。高中历史教科书十分重视史料的编辑，采用

了丰富的史料根据史学家对史料的分类,并结合高中历史教学实际,笔者认为高中历史教学中的史料按照载体的不同,可以分为几类,即:文字史料、图片(表)史料、口碑史料、实物史料、声像史料和数字化史料。文字史料,就是用文字记录保存的史料,主要包括各种文件、日记、当事人的回忆录、笔记、会议记录、文件、书信等等。文字史料构成史料的主体,一直受到史学家的偏爱,在历史教科书中也占有很大的比重。图片(表)史料,就是将实物等不能变成文字的材料,以图片或图表的方式呈现的史料,如历史人物的照片、历史事件画面、历史地图、漫画、数据图表等等,图片(表)史料能直观、生动形象地反映历史的面貌,增强学生的学习积极性和主动性。口碑史料是文字史料的重要补充,如研究南京大屠杀这一历史事件时,中国学者对事件亲历者作了调查采访,他们整理的文字记录成为研究南京大屠杀事件的珍贵史料。实物史料是指在历史进程中以实物形式存在的史料,如古建筑、古遗址、历史博物馆、历史陈列展览馆等。声像史料和数字化史料是现代技术的产物,包括影像、录音、录像。

史料的分类是提高学生史料研习能力所必备的基础知识。史料的分类不同,按照史料呈现的形式不同。史料还有另外一种分类方式:原始史料和二手史料。因为原始史料(又称一手史料)和二手史料关系到学生对史料可信度的判断,进而影响学生分析问题的结果,所以分清什么是原始史料,什么是二手史料对于学生来说是非常必要。所谓原始史料是指接近或直接在历史发生的当时所产生的,可以直接作为透视历史问题的史料。所谓二手史料是指经过后人运用原始史料所作的研究及论释。

资料卡片:

2016年教育部出台了5项历史学科核心素养,其中就包括史料实证和历史解释。史料实证,指对获取的史料进行辨析、整理、去伪存真、去粗取精,努力重现历史真实的态度与方法。历史解释,在史料证实的基础上,辩证、客观地理解历史事物,不仅要将其描述出来,还要揭示其表象背后的深层因果关系,通过对历史的解释,不断接近历史真实。

史海蠡测
SHIHAI LICE

学思结合：

1. 16、17世纪，中国的海外贸易较以往有所发展。阅读一本明代小说，如"三言二拍"里的小说，从中寻找白银在中国普遍流通的描写，通过史料证实，整理、辨别其真实性。

2. 通过中外文献、考古资料等，了解白银来自美洲以大量购买中国瓷器、茶叶的史实，以及白银普遍流通给中国带来的影响。

第二节 文字史料

本课要点： 文字史料的特征、文字史料的运用

所谓文字史料，是指以文字作为载体的记录，它包括相关的文献资料和文艺资料。

文字在《辞海》指记录语言的书写符号。汉许慎在《说文解字》中说："盖依类象形，故谓之文；其俊形声相益，即谓之字。"依类象形，即独体，为文；形声相益，即合体，为字。符号尽管形式简单，却是从具体事物中抽象出来。

早在新石器时期就有一些符号化的表现。1969年发掘于山东莒县陵阳河遗址的灰陶，器身纹饰为 ，1979年在同一地方出土相似的图式 。郭沫若在《古代文字之辩证的发展》一文中说："彩陶上的那些刻画记号，可以肯定地说就是中国文字的起源。"有了文字，历史才真正成为独立的记事手段，减少了流传过程中间的变异。用文字记载的历史，除了故意进行歪曲、篡改以外，都能够比较忠实地保持记录者的原意。

山东莒县陵阳河遗址
原版图片（1969年出土）

日月山纹饰灰陶
原版拓片（1979年出土）

知识链接：

从目前确知的情况来看，中国最早的历史记载，当以殷商时期的甲骨文记载和西周时期的金文记载为标志。

甲骨文记事简略，还不是很有意识的历史记载。内容主要是反映盘庚迁殷以后自武丁时期直至殷商灭亡这一时期内的阶级状况、国家制度、农事畜牧、年成丰歉、天文历法、战争田猎、神祖祭祀、王朝世系等等。这些都是占卜的某种结果和极简单的记事相结合，以示它们都是上帝的安排。

金文的记载已无占卜的色彩而是单纯的人事的记录，以反映当时的王臣庆赏、贵族纠纷、财产关系为主，这是它同甲骨文记载的一个明显的区别。如大盂鼎、小盂鼎的铭刻写出了战争的规模之大和臣仆的数目之多；周公簋铭文上说"用册王令，作周公簋"，表明这个鼎是直接接受王命制作。除此之外还有记载周王对贵族纠纷的处理和解决，如曶攸从鼎铭文；还有直接记载着周王的政治性讲话，如毛公鼎铭文。这为后人研究中国早期古代史提供了直接资料，对于揭示中华文明的发端具有重要意义。金文与甲骨文的不同之处还在于，金文常于记载结末处有"其万年子子孙孙永宝

史海蠡测
SHIHAI LICE

用"，反映了进入文明时代以后人们自觉的历史记载意识萌芽。

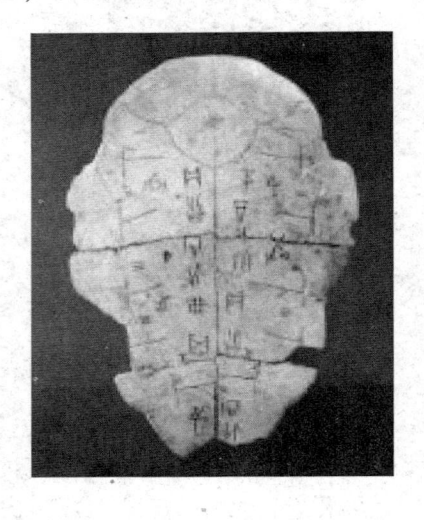

甲骨文　　　　　　　　　　　　大盂鼎

文字表达内容远高于口述，因为人的记忆总是有限，文字表达内容也更加深刻和细致。纳西族的长诗《创世经》长达2000多行，民间口述的远没有用其文字东巴文记载的翔实感人。口述内容，口述者也会词不达意、口误谬误。严谨的文学史料和历史著作，写作者和后来的研究者一般都会核对推敲，追求传达正确史实和思想。

资料卡片：

顾颉刚在《与钱玄同先生论古史书》中提出"三皇五帝的古史系统是由神话传说层累地造成的"。他在书中论述了三皇五帝的由来："自西周以至春秋初年，那时人对于古代原没有悠久的推测，《诗经》《尚书》里的"帝"都是上帝。商族认为禹是下凡的天神，周族认为禹是最古的人王。古史传说中的帝王，东周的初年只有禹，是从《诗经》上可以推知的；东周末年更有尧舜，是从《论语》上可以看到的。《论语》中二次连称尧舜，一次连称舜禹，可见当时却以尧舜在禹之前。于是禹之前更古的尧舜。从战国到西汉，伪史充分地创造，在尧舜之前更加上了多少古皇帝。自从秦灵公与吴阳作上時,祭皇帝,经过了方士的鼓吹,于是皇帝立在尧舜之前了。自从许行一辈人抬出了神农,于是神农又立在皇帝之前了。自从《易·系辞》抬出了庖牺氏,于是庖牺氏又立在神农之前了。自从李斯一辈人说:'有天皇,有地皇,有泰皇,泰皇最贵。'于是天皇、地皇、泰皇,更立在庖牺氏之前了。自从汉代交通苗族,把苗族的始祖传了过来,于是盘古成了开天辟地的人,更在天皇之前了。时代愈后,知道的古史越前;文献无证,知道的古史越多。从中表明三皇五帝古史系是由神话传说层累地造成。"

顾颉刚和他的《古史辨》

(一)文献资料及其运用方法

　　文献通俗的解释就是古人用文字对历史进行记录,作为一种贡献留存至今,供后人研读。宋代马端临在《文献通考》中指出,"文"是经、史历代会要及百家传记之书;"献"是臣僚奏疏、诸儒之评论、名流之燕谈、稗官之记录,从而将文与献作为叙事与论事的依据。之后,对文献的认识就只限于一般的文字记载。从学术的角度来理解文献资料,可以把它更加细化为档案、文件、报刊、传记、正史、别史和杂史等等。对于当今教学来说,史料的主要来源就是文献资料,学生接触的知识大多是从书本文字中获得的。

　　我国自有文字以来,便重视对历史的记录,文献资料车载斗量。但对于同一时期同一历史事件每一个记录人都会根据自己的认识而记录,这便为今后对于这段历史的诠释提供了多种角度。同样对于文献资料用于教

史海蠡测
SHIHAI LICE

学过程中也会产生挑战。教材或者教师一般都会选择主流、经典的、普遍认同的文献资料。但除此之外，还是存在其他角度的史料，更可能是与材料史料观点相左的史料存在。学习者在学习的过程中应当注意这一点，不能以一概全。

文献的解读是需要一定技术的，尤其是那些古文文献，需要具备一定的语言功底、文学修养的技能进行阅读。全面通读文献固然能够全面掌握历史，但是由于教学的限制，使得我们必须对文献做出处理后才能呈现给学习者，将文献中无关紧要的部分删去，艰涩难懂的部分除去，保留最能体现观点的部分，再加以摘抄和简化整理，同时对于文献中的用词用字深入考究，以学术研究的角度加以引导学习者解读史料。

资料卡片：

见到史料不要急于下结论，一找有没有与之相辅相成的证据，二找有没有与之相黜相逆的证据。在对比两方的史料后，方可提出自己的观点。没有证据不说话，有几分证据说几分话，证据不够只可假设不可武断。

——张汉林

研究历史，第一步工作是审查史料。

——顾颉刚

知识链接：

史料是研究历史的基础，对于史料的处理是每一个历史学者的入门功。其中包括对史料的辨伪、校勘、考证。如史学界近十年来围绕清代江潘撰《经解入门》的真伪问题；古文《尚书》的真伪之辨等。辨伪之后是校勘，校勘是依据善本，辅之以其他佐证，校对书籍中的字体、语句、排版等有误之处。再次是史料的考证，史家在受社会历史观、阶级基础、社会地位等因素影响，难免要把自己的观念、思想情感、利益倾向折射到历史记述中，从而使史料的取舍、记载的方法和史事的评价上掺杂各种偏见与歪曲。因此考证史料的客观性对于我们应用史料非常有价值。

> **学思结合**：
> 1950年6月25日,朝鲜战争爆发。事发当天,朝鲜与韩国的新闻媒体都进行了报道。朝鲜平壤广播电台广播的说法是："无赖叛逆李承晚命令李伪军侵略了北方,人民军为了自卫将其击退,并开始正当进入南方。李承晚匪帮将被逮捕,被判刑。"韩国《京香新闻》的号外消息则是："朝鲜军队,今日拂晓,从三八线全线开始南侵。我军立即与敌交战,正将其击退中。"
> 1.两篇报道有何相似之处,又有何不同之处？2.你如何解释两者的不同？3.遇到此类史料,你该如何处理？

（二）文艺史料及其运用方法

文艺史料是最能与人们的生活息息相关,最能贴近我们的生活,它就是我们常见关于历史题材的诗、词、歌、赋、游记等,还有中国传统文化中的灯谜、对联、谚语等等,文艺史料也最能体现我们中华文明的丰富多彩,源远流长的特点。

从文艺史料的内容中能够明显看出它兼具文学价值与史料价值,因此文艺史料应用更加要加以区分。文艺史料中的文学性部分更加偏向表达人物的内心情感,而历史性则是现实生活的写照。如杜甫的诗,更多的是在表达作者对国破家亡的愁思,但这种情感是建立在安史之乱的具体史实之上,固后人在运用文艺史料时一定要透过文学性看内在的历史性。当然隐形的历史性并非那么容易找到,需要我们认真的考证。文艺史料在研究历史人物方面的作用非常大,文艺史料能够非常明显流露出人物的内心情感,进而能够折射出人物的思想文化。将文艺史料与当时的社会背景相结合,从时代中研究文艺史料中的历史人物,用文艺史料来佐证历史。

知识链接：

《诗经》是我国最古老的一部诗歌总集,它收录了自西周初年到春秋中

史海蠡测
SHIHAI LICE

叶约500年间的三百多首诗歌,同时也是反映当时社会情况的不可或缺的文艺史料,尤其是其中的《雅》《颂》。如《雅》中的《大明》记载了武王伐纣的历史:"殷商之旅,其会如林。失于牧野,维予侯兴。上帝临女,无贰尔心! 牧野洋洋,檀车煌煌,驷騵彭彭。维师尚父,时维鹰扬。凉彼武王,肆伐大商,会朝清明。"

《雅》《颂》作为史诗,不仅有艺术夸张的地方,也包含着文明时代以前的传说成分。因此从严格的历史记载的要求来说,它们只是"半历史"式的记载,不可作为本来意义上的历史记载看待。但是,在史学萌芽时期,当各种历史记载还很不完备的时候,史诗作为一种独立的创作形式,不仅在一定程度上反映了历史的面貌,而且也可以同其他形式的历史记载(如金文中的记载)相互印证、相互补充,成为当时历史记载不可或缺的一部分。后来有些民族创作规模宏大的史诗,成为研究这些民族历史发展的重要文献。《雅》《颂》和后来出现的各个民族的史诗,在中国史学发展上都有自己的历史价值。

第三节　影像史料

本课要点:影像史料的特征、影像史料的新发展

影像史料包括:实物与图片和影视史料

实物史料

文物、古迹、遗址、建筑、碑刻、雕塑和绘画等等能够传达历史信息,这被称为实物史料。实物史料是人类文明发展的一种见证,它可以比较客观地反映历史。实物史料是以直观的方式呈现在我们面前的,是历史研究中的重要依据。

实物史料在教学过程中扮演重要的角色,它能够以直观的方式,向学

的纪录片。完成于1926年的《罗曼诺夫王朝的灭亡》第一次用和传统文字叙述完全不同的影像的模式讲述了一个王朝的衰亡,是世界文献纪录片的开端。当前我国此类纪录片汗牛充栋,其中以1998年完成的《周恩来外交风云》最为出类拔萃。

《周恩来外交风云》以1938—1977年间的外交历程为线索,以丰富的外交档案和文献资料为纪录片的叙事基础。如在影片中涉及大量的一手资料:1949年中央人民政府任命周恩来为外交部部长通知书、1949年毛泽东访问苏联时发回的电报、1955年万隆会议周恩来发言稿等。同时运用大量鲜为人知的纪实性影片、声音资料,其中包括一部分从外国购进的珍贵资料。如影片中最早出现的镜头摄于1938年,70%以上的细节镜头在当时是首次在我国银屏上出现。再如影片中通过近景构图,以着装特写的镜头展现了周恩来在会见外国政要时,总是穿着得体又朴素的中山装。影片中也插入大量的同期声音,如周恩来谈中美关系、周恩来在签订中缅边境条约时的讲话、周恩来在尼克松访华欢迎宴上讲话、尼克松的讲话等。在人物采访部分包括三代中国国家领导人和上百名外国政要,如直接与周恩来打过交道的柬埔寨国王西哈努克、斯里兰卡前总理西丽玛沃·班达拉奈克、坦桑尼亚前总统尼雷尔、英国前首相爱德华·希思、美国前国务卿亨利·基辛格,以及中国第三代领导人江泽民等的采访。

课后延伸:

台州历史悠久、地理位置奇特,背靠大山,面向大海,结合了海洋文化与内陆文化,形成了丰富多彩的风俗习惯,是文化和合之地。以6人小组为单位,选择以台州当地的一种风俗习惯为对象,走访当地,收集资料,并以纪录片的形式向大家展示。

史海蠡测
SHIHAI LICE

　　口述史料与文本史料有着质的区别。口述史料指经过口传或经后人记录整理成为史料的民间神话、传说、歌谣、谚语、人物讲话、录音录像、口述回忆及调查访问原始资料等。梁启超非常重视口述史料,他在《中国历史研究法》中特将口述史料作为一个史料类别。他解释说:"采访而得其口说,此即口碑性质之史料也。"①但梁先生只说到了口述史料中的一部分,即访谈史料。

　　口述史料,应该是最早的史形式,在文字出现之前,先民无疑有对往事的回忆。最早的历史是口耳相传,有文字之前历史是用口叙述、用耳接受、用脑记忆,再用口传授给下一代。口述史料,最早的往往是给人们留下深刻印象的自然现象,如女娲补天、精卫填海、羿射九日、大禹治水……在自然危害面前,对生存和发展有重要作用的部落伟人超人,会重复记忆、想象和夸大,演绎为许多神化。这些伟人、超人往往长相怪异,寿命或在位年代长,如伏羲蛇身人首、炎帝人身牛首,黄帝发明更是数不胜数,口耳相传过程,将某个部落的集体创造常归结到伟人超人身上。

　　到录音技术产生后,口耳相传的历史又重新焕发光彩。录音带和有关数码数据成为史料的重要组成部分。海外对这方面的研究起步早,美国哥伦比亚大学早在20世纪50年代就在东亚研究所的韦慕庭主持下成立口述历史研究部,约请胡适、李宗仁、顾维钧、陈立夫、张学良做口述历史回忆。最令人关注是张学良作为改变历史的西安事变的中心人物,直到2001年,101岁的他在美国逝世,从未公开谈论过往事,他的口述历史揭开许多历史之谜,如"九一八"是他自己要求不抵抗等。

知识链接:

　　《张学良口述历史》,以张学良自述为主体,以史学名家唐德刚论张学

研究者的"审视",两相对照着看,历史变得更加真切、真实而生动。张学良的口述,随兴而谈,随意而至,流于细碎,却趣味盎然。张学良的回忆中提到,张作霖吃饭,四菜没汤;张作相节俭,一个鸡蛋分两餐;叶公超好色,顾维钧风流;蒋介石只剩下派头;汪精卫、陈璧君的奇妙夫妻档;胡汉民发牢骚;孙中山的一句话论东北局势;郭松龄宁折不弯,吴佩孚浪得虚名;阎锡山见风使舵、张宗昌能战,孙传芳不甘寂寞等等,这些都为我们认识和研究民国风云人物提供了不一样的视角。

《张学良口述历史》

学思结合:

阅读《张学良口述历史》《李宗仁回忆录》《胡适口述自传》《顾维钧回忆录》,谈谈你对其中内容真伪性的看法。口述史料应该如何使用?

综合探究:

法国历史学家菲斯泰尔德库朗热曾说:"不要向我喝彩,并不是我在向你们讲话,而是历史通过我的口在讲话。"我国著名历史学家傅斯年直截了当地说"史学即史料学"。更主张"上穷碧落下黄泉,动手动脚找东西"。英国历史学家阿克顿认为史学就是"收集历史资料的艺术"。由此可见史料对历史研究的重要性,没有史料就没有历史,也就无从谈及史学。

史海蠡测
SHIHAI LICE

史料数量庞大，浩如烟海，一个人是不可能读遍所有史料。要找到自己研究所需要的史料，必须掌握史料的收集方法。以下为大家介绍几种比较常用的史料收集方法：

第一，利用各种工具书收集。如《中国历史大辞典》《世界历史词典》《康熙字典》《永乐大典》《四库全书》等工具书查找所需史料。

第二，分类收集法。确定研究方向后，着手广泛收集史料，然后将材料分类编排，形成具体课题。如梁启超在研究古代中西交通的道路和学术文化相互影响时，曾用了这个方法。他从许多记载传说中搜集出中国僧人西去印度的姓名可考者107人，姓名失考者80人。再将这187人分时代、籍贯、学业成就、经行路线作种种统计，最后得出"六朝唐时中国人留学印度之风甚盛"的结论，弥补了常人只知中国人西去印度的前有法显后有玄奘的片面认识的不足。

第三，积累资料法。研究课题确定之后，遵循课题所需范围，有目的、有计划地查寻与积累资料；或者根据自己的研究方向或长远目标，在读书过程中随时积累。如史学大家吕思勉有一部遗著《吕思勉读史札记》，共八十万字，是作者在五十年间，把二十四史读过三遍，同时还曾参考其他史书作考订而写成。他的许多著作，如《中国通史》《秦汉史》等就是在札记的基础上写成的。

第四，追踪搜寻法。研究者读某书时，发现某书提到与该项史事密切相关的另外一些史事，或在注引中提到了与该项史事有关的另外一些书名或篇名，便追踪寻读有关的史著。如为搜求有关屈原的史实，读《史记·屈原列传》，得知屈原曾为楚怀王左徒，并与张仪的活动有关，便追踪寻读有关楚怀王和张仪的史书。

第五，从考古发掘中搜集新史料。如近年来考古发现的西汉海昏侯墓，这对于研究西汉历史提供了新资料。

第六，通过调查、采访收集口碑资料。如研究日军的细菌战对浙江的影响这一课题，通过走访当年深受其害的老人，能够得到更丰富、更真实的资料。

台州历来书院气息浓厚,如著名的观澜书院、樊川书院、柔川书院、回浦书院、桐江书院、峰山书院等。现在要以台州的书院文化作为一个研究课题,请同学们设计一个关于台州书院文化研究的史料收集方案。

史海蠡测
SHIHAI LICE

第三章
求真路上的困惑

导读：古今关系的错乱、不同历史观的制约、社会思潮的左右、政治力量的干扰、革命与科学性、市场大潮的冲击、秉笔直书的风险等因素在逐渐掩盖历史的真相。本章将从史料、常识角度出发，列举六个大家耳熟能详的历史事件，还原其历史真相。

第一节　文字未必全信——李建成例

唐代第一个储君李建成历来受尽唾骂。《旧唐书》称"建成、元吉，实为二凶"。[1]李建成是"并不预谋，建立以来，又无功德"[2]，范文澜同志说："李建成爱好酒色畋猎，亲近赌徒恶霸，……是个纨绔无赖子。"[3]

对李建成的贬责，主要来自两《唐书》和《通鉴》。究其原因，无非是因建成在政治权力的角逐中失利，故遭到唐代史臣的贬斥。唐太宗既被后代奉为帝王楷模，两《唐书》等官史必然要因循唐代史臣的观点，对建成的历史活动，或埋没不载，或曲载其事，夸大太宗的历史作用。

据《大唐创业起居注》所载，李渊是太原起兵的主谋者和西攻长安的军

---

[1] 《旧唐书》，中华书局1975版，第2438页。
[2] 《旧唐书》，中华书局1975版，第2419页。
[3] 《中国通史》第3册，第115页。

事指挥者。由于作者温大雅是李渊太原起兵时大将军府之记室参军,所载亲历之事,较为客观,又因其是秦王世民的亲信,在书中未免有夸大世民、贬抑建成之处。即使如此,因该书成书于玄武门之变以前,故其对建成的记载较两《唐书》和《通鉴》更为可信。

据清初著名学者赵翼研究:五代撰修《旧唐书》时,唐时所修自高祖至代宗朝的《国史》和包括高祖、太宗朝在内的九朝《实录》仍存于世。"今细阅《旧书》文义,知此数朝纪传多抄《实录》《国史》原文也。"赵翼还认为:"凡史修于易代之后,考覆既确,未有不据事直书,若《实录》《国史》修于本朝,必多回护,观《旧书》回护之多,可见其全用《实录》《国史》,而不暇订正也。"①高祖、太宗两朝《实录》《国史》俱修于太宗在位其间,如赵翼言"必多回护",何况两朝《实录》《国史》的修撰又都多少受过太宗的干涉影响,因而在涉及晋阳兵变首谋、玄武门之变是非等诸多重大问题上,皆采取了褒扬李世民,而贬抑李渊、李建成的做法。

高祖、太宗两朝《实录》《国史》,今俱不存,所幸传世的司马光的《考异》中还略有肪列,兹引其中所记载的有关李建成的情况如下:

《高祖实录》:"建成幼不拘细行,荒色嗜酒,好畋猎,常与博徒游,故时人称为任侠。高祖起于太原,建成时在河东,本既无宠,又以今上(太宗)首建大计,高祖不思也,而今上白高祖,遣使召之,盘游不即往。今上急难情切,递以手书谕之,建成乃与元吉间行赴太原。隋人购求之,几为所获。及义旗建而方至,高祖亦喜其获免,因授以兵。""建成帷薄不修,有禽犬之行,闻于远迩,今上以为耻,尝流涕谏之。"②

《太宗实录》:"隐太子(建成)始则流宕河曲,逸游是好,素无才略,不预经纶,后于虽统左军,非众所附。既升储两,坐构猜嫌,太宗虽备礼竭诚以希恩睦,而女石害之心日以滋甚。又,巢剌王(李元吉)性本凶愎,志识庸下,行同禽兽。兼以弃镇失守,罪戾尤多,反害太宗之能。于是潜苞毁谐

---

① 《廿二史札记》卷16《〈旧唐书〉前半全用〈实录〉〈国史〉旧本》。
② 《资治通鉴》卷190 高祖武德五年附《考异》。

史海蠡测
SHIHAI LICE

僭,同恶相济,朕受日闻。"①

其贬抑、诬责之甚,可谓无以复加。难怪连基本持褒美李世民态度的司马光,也表示了"史臣不无抑扬诬讳之辞,今不尽取"②的愤愤不平。

而真实的李建成,是建唐过程中也有彪炳千秋的历史功绩。

(一)军功荦荦,不能抹杀。在晋阳起兵中真正的领导者是李建成,他在其中发挥了优秀的行兵布阵以及军队领导能力,是晋阳起兵胜利的重要力量。他之前便为起兵做了充分的准备,如网罗大量能人,因此李渊是非常信任李建成的军事领导能力。在当时的时代背景下,虽然隋朝残暴无德,但其正统地位还是毋庸置疑的,而且还拥有无可取代的实力,故而李渊想要反隋一定要求极高的保密性。范围不会太大,作为助手和参谋,其儿子便是最可信的人选。当时李建成25岁,大业十二年,公元616年。

隋炀帝大业十三年(617年)五月,李渊杀隋太原副留守高君雅和王威,起兵太原。六月,建成奉命从河东到太原,参与起兵的战略制订和组织领导工作。从太原起兵到攻占长安,沿途唐军进行的主要战役有:破西河郡(今山西汾阳县),破霍邑(今山西霍县),围攻河东和攻占长安。那么,建成在这些战役中的作用如何呢?

在李渊宣布起兵之后,西河郡丞高德儒不从。李渊遂遣建成、世民兄弟将兵攻西河郡。建成等与士卒同甘苦,深得军心,很快俘斩高德儒,平定西河郡。《起居注》虽未叙及建成、世民何人为帅,但军无二帅,建成时年二十九岁,世民年方十八岁,以处世经验和长幼次序而论,此役统帅理应是建成,世民仅是副将而已。

从《起居注》的记载可知,建成参与了太原起兵的密谋,他在河东从事起兵的秘密组织工作;太原起兵之后,他参与唐军的指挥,统帅左军,曾与世民平西河郡、破霍邑、围攻河东。入关后,又被委以屯守永丰仓和扼守渔关的重任,随之又率军与世民攻破长安城,为建立唐王朝做出了巨大贡献,也显示了其杰出的军事才能。温大雅既为大将军府记室参军,自然知晓军

---

① 《资治通鉴》卷190高祖武德五年附《考异》。
② 《资治通鉴》卷190高祖武德五年附《考异》。

中机密,又作为起兵建唐之参与者,所叙即所见所闻,尽管不免对李世民有溢美之处,但其所载远较经唐代史臣篡改后的《国史》《实录》可信。由于作者的立场所致,书中难免有夸大世民和贬抑建成之处,而且此书能得传世,必然要经过贞观史臣的认可。即使如此,从此书之记载中仍然看不出世民的军事才能和战功有高于建成之处。实际上,建成身为左军统帅,亲冒矢石,屡败强敌。入关之后,受命屯守永丰仓和扼守潼关,既防河东之敌西来,又当西攻长安的要道,如此重任,世民北略显然不能与之相提并论。以建成的年龄和社会经历而论,其在起兵中之军功无疑大于世民,温大雅不专载建成的活动,常将建成、世民之事混为一谈,正是借此混淆后人视听,夸大世民之功。

（二）佐理政务、参与决策。建成被立为皇太子,高祖"每令习时事,自非军国大务,悉委决之。又遣礼部尚书李纲、民部尚书郑善果俱为宫官,与参谋议"。建成在武德年间之主要活动,是佐理高祖处分军国大政,参与决策,决断军国庶务;在高祖外出之时,则要居守监国。已非昔动辄率军出征,只是当军情紧急之时,也间或奉诏统兵,并且皆获成功。如其曾镇压祝山海起义军,镇压稽胡酋帅刘仚成的起兵和刘黑闼起义,高祖"诏太子建成将兵讨刘黑闼,其陕东道大行台及山东道行军元帅,河南、河北诸州并受建成处分,得以便宜从。"指挥抵御突厥的军事活动。可见建成在武德时期的军事活动也有他的历史地位。

（三）仁厚宽简,仁孝慈爱。从西河之役来看,建成是善于抚士的。玄武门之变时,建成当场被杀;东宫府属冯立感叹:"岂有生受其恩而死逃其难乎!"[1]他对世民的一些态度,也说明建成不是残忍之徒。"初,世民从上幸元吉第,伏护军宇文宝于寝内,欲刺世民,建成性颇仁厚,遂止之。"[2]若建成是个"无毒不丈夫"的残忍之徒,"几听其杀世民,再陷罪于元吉",又有何不可呢?故司马光说建成"仁厚""宽简"。[3]

---

[1] 《资治通鉴》卷191。
[2] 《资治通鉴》卷191。
[3] 《资治通鉴》卷190。

史海蠡测
SHIHAI LICE

　　窦建德为唐击败后，其部将刘黑闼于武德四年(621)起兵，很快占领故地。李世民奉命围剿，采取"其魁党皆具名处死，妻子系虏，欲降雨无繇"的高压政策，付出极大代价，勉强取得军事上胜利。但隔数月后，武德五年(622)，刘黑闼再度起兵，"旬日间悉复故城"《旧唐书·刘黑闼传》，称汉东王。李建成接受王珪、魏征的建议，主动请令征讨，一改李世民的高压政策，实施宽大安抚的怀柔政策，"建成至，获俘皆抚遣之，百姓欣悦。"《新唐书·隐太子建成传》，于是"从及散，或缚其渠长降，遂禽黑闼"。如此仅用两个月时间便平定了山东，这是《新唐书》作者都是承认的事实。这足以说明，其军事才能不弱于世民，甚至有过之而无不及。

　　总之，建成抵御突厥，业绩非小，搜罗人才，智识非浅，仁厚宽简，非残忍之辈。虽然，唐太宗在中国历史上的积极作用应该肯定，但他篡改国史，隐蔽聪明，对后代造成恶劣影响，也必须予锐澄清。

　　正如陈寅恪先生所说："然高祖起兵太原，李建成即与太宗各领一军！及为太子，其所用官僚如王珪、魏征之流即后来佐成贞观之治的名臣，可知李建成亦为才智之人！至于李元吉者，尤以勇武著闻，故太宗当日相与竞争之人绝非庸懦无能者。"[①]通过对李建成、李世民在初唐军政格局演变中的地位变化，毋庸置疑在李渊还在世时李世民的地位是远远不如李建成的，可以看出在当时李渊甚至朝中大臣看来李建成是以为当仁不让的皇位继承人。其实换而言之，李世民之所以能够如此优秀恐怕也是由于有这样一位卓越的哥哥的鞭策作用吧。

课后延伸：

　　清代的史学在历史考证方面取得极辉煌的成果，王鸣盛的《十七史商榷》、赵翼的《廿二史札记》、钱大昕的《廿二史考异》、崔述的《考信录》，是这方面的代表性著作。

[①] 陈寅恪、唐振常：《唐代政治史述论稿》，上海古籍出版社1997年版。

第三章　求真路上的困惑

1. 查找阅读这四本著作相关内容，思考总结他们关于史料的考证，结合本课内容谈谈你的认识。

2. 近代以来以王国维、陈寅恪、胡适、陈垣等为代表的史学家在乾嘉考证史学派的基础之上，发扬"实事求是"的原则，有了新的发展，成为新历史考证学的巨擘。任选新历史考证学下的一本著作，谈谈近代历史考证学与乾嘉时代的历史考证学有何不同。

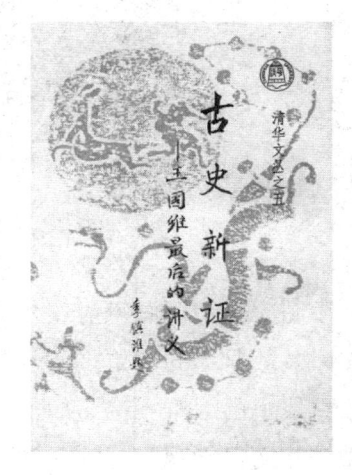

王国维和他的《古史新证》

史海蠡测
SHIHAI LICE

第二节　图像未必全信——以教材插图为例

　　插图作为教材内容不可或缺的一部分，其能够传达一些隐性知识，对教材插图的解读也是日常教学中重要一环，因此图教材中的插图选择应该严谨。然在教学过程中，也会发现某些教材的插图存在问题，如在人教版历史选修4《中外古代人物评说》一书中第三单元第二课《美国国父华盛顿》第44页中插图——《华盛顿率军横渡冰凌翻滚的特拉华河，袭击特伦顿》（图一）。

图一　华盛顿横渡特拉华河

　　该图来自美国画家曼纽尔·诺伊的《华盛顿渡过特拉华河》。结合上下文以及教材为此图更加的注解，尤其突出"冰凌翻滚"，可知编者意在渲染独立战争的艰难不易，从而更加凸显华盛顿不畏艰苦、骁勇善战的人物品质。然而仔细观察，此图是经不起推敲的。

　　根据美国历史的发展，美国国旗也是不断演变。在美国独立战争打响之前，美国便有部分地方出现13条横条旗，用于象征自由。独立战争爆发后，及1776年的1月1日在今马萨诸塞州的萨莫维尔升起第一面非正式国旗，该旗是以早期13道横条旗为基础，在左上角加上英联邦的标志——米字型，被称为"大陆彩色旗"或者"大联合旗"（图二）。美国最早出现的星条旗是在 1777 年 7 月 4 日第二次大陆会议。目前普遍认为最早的星条旗左上方蓝色矩形上分布 13 颗星,且呈圆形分布(图三)。但也有人认为 13 颗呈 4-5-4 的方式分布,也有说法是 3-2-3-2-3 的方式陈列。1818 年国会规定在国旗上星星的数量与州的数量一致,因此当今美国共拥有 50 个州,其国旗上的星星也达到 50 颗(图四)。

图二 "大联合旗"

图三 1777 年 7 月 4 日美国国旗

史海蠡测
SHIHAI LICE

图四　1960年以后美国国旗

回看教材上的插图,图中国旗可以清晰地看到是红白相间横条为底,左上角是星星。华盛顿横渡特拉华河是发生在1776年的圣诞之夜,而1777年7月4日之后星条旗才作为美国的国旗,因此在此画的旗帜应该是"大联合旗"更加合理。

《华盛顿度过特拉华河》是曼纽尔于1851年创作,当时美国达到31州,以当时美国国旗上的星星颗数应该达到31颗。而此图中的旗帜尽管没有完全展开,按照呈现的4颗星星以及呈列的方式可以推断星星的颗数大致在12~13颗。由此可见曼纽尔在创作时是考虑到美国国旗演变的历史,只是疏忽了星条旗是在1777年7月4日之后才出现。星条旗第一次出现在战场是在1777年9月11日的布兰迪万河战役。

在人民版历史必修二专题四第一课《物质生活和社会习俗的变迁》第65页有一副关于四合院的插图(图五)的正确性也有待商榷。

在没有特别标明东南西北方向的情况下,定位方法一般采用"上北下南,左西右东"的方法,因此此图四合院的大门开在西南方向。但是翻阅各种史料、图册,没找到大门位于院落西南侧的四合院,绝大多数的四合院大门位于整个院落的东南侧。比较特殊的是北京南城的四合院,由于受到河流走向的限制,在这片区域院落的朝向为坐东朝西方向,南城四合院大门位于院落的西北侧。但教材中的图例标明此为北京典型的四合院俯视图,

第三章　求真路上的困惑

专题四　中国近现代社会生活的变迁

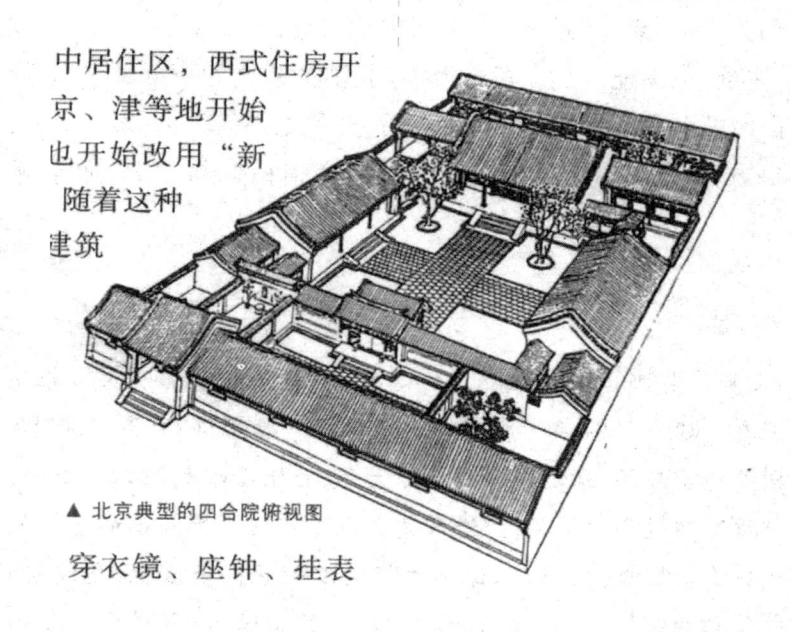

中居住区，西式住房开
京、津等地开始
也开始改用"新
随着这种
建筑

▲ 北京典型的四合院俯视图

穿衣镜、座钟、挂表

图五

　　南城四合院是特例，不具典型性，不能代表北京四合院的典型结构。而且北京南城的四合院大门位于院落的西北侧，也与图五大门位于院落西南侧不符合。

　　中国建筑多受儒家思想、伦理等级观念影响，视"右上左下""南尊北卑""东为尊"，而大门作为四合院建筑的重要组成部分，是家族人员进出以及宾客往来的必经之处，因此四合院大门应位于院落东南侧为宜，不仅能充分体现尊卑伦理等级观念，同时迎宾而东也是对客人的一种尊重。而且北京的气候是典型的暖温带半湿润大陆性季风气候，夏季炎热多雨，冬季寒冷干燥。夏秋季节是由海洋吹向陆地的湿润的东南风，冬春季节是由陆地吹向海洋干燥的西北分。大门位于院落东南侧，有利于湿润的暖湿气流进入院中，有利于增加室内的湿度，增加居住的舒适度。中国人多讲究风

史海蠡测
SHIHAI LICE

水之说，在建筑上亦追求风水要点。按八宅派的风水理论，四合院的大门一般开在东南方，这个部位属"生气"方位，主生气勃勃、蒸蒸日上，象征"天圆"；大门为方形，象征"地方"。中国古代讲究"天人合一"、顺应自然、符合伦理，注重"天圆地方"。《阳宅撮要》是清吴鼐撰的一本风水书，此书参考许多古代风水典籍，书中写到"大门者，合舍之外大门也，最为紧要，宜开本宅之吉方"。所以院落朝南时，大门有意稍稍偏向东方，通常开在东南角。

课后延伸：

《跨越阿尔卑斯山圣伯纳隘口的拿破仑》是法国著名油画家雅克·路易·大卫在1800—1801年为拿破仑作的画像。时正值1799—1802年第二次反法同盟战争期间，拿破仑率领4万大军，登上险峻的阿尔卑斯山，为争取时间抄近道越过圣伯纳隧道，进入意大利。在阿尔卑斯山的圣伯纳山口积雪的陡坡上，阴沉的天空，画像上年轻的拿破仑高大威猛，充满自信，红色的斗篷使画面辉煌激昂，他的手指向高高的山峰，昂首挺立的烈马与镇定坚毅的人物形成对比。但实际上拿破仑翻山时骑的不是马而是驴子，穿的是普通军大衣而不是红色斗篷。大卫是典型的波拿巴分子，在作画中有意掩盖当时的真实情景。而拿破仑自身也多次参与修改这幅画作，力求渲染其"英雄的气概和史诗般的远征"，意在使跨越阿尔卑斯的壮举，堪与公元前3世纪迦太基统帅汉尼拔大败罗马军队以及公元8世纪查理曼大帝征战意大利的战绩相媲美。

关于拿破仑还有一个传言，拿破仑身高是矮个儿（157厘米）。但根据后来的尸解的结果拿破仑实际身高为5英尺7英寸，在168~170厘米之间，在当时的法国算是中等身高。但经常有人拿他身高说事，把他说成是"矮人综合征"的榜样和源头。这个混乱之所以产生，是因为法国的尺寸比英制的尺寸要长，所以当时英国人就认为拿破仑只有大约1.57米，而这个误解英国人也十分乐意去大为宣传。

第三章　求真路上的困惑

《跨越阿尔卑斯山圣伯纳隘口的拿破仑》

用图像说明历史最直接有效的手段,常有"不立文字,直指人心"的震撼力。但作为政治形势下的艺术创作难免会失去其真实的色彩。查阅资料艺术创作还受哪些因素影响,我们又该抱怎样的态度对待?

第三节　图像未必理解
——《女史箴图》(局部)为例

学习魏晋南北朝文化时,在介绍顾恺之的《女史箴图》(局部)(人民教育出版社2003版,第64页)时,学生提出插图上的文字("出其言善,千里应之,苟违斯义,同衾以疑")与图(二后梳饰)如何理解。见下图:

仔细翻阅相关的著作,发现文字"出其言善,千里应之,苟违斯义,同衾以疑"与图并不吻合,不能使《女史箴》箴文的含义与顾恺之的画相辅助、相映生辉,反而让人捉摸不透。究其原因,由于《女史箴图》(局部)"局部"的不合理造成。"女史"指宫廷妇女,"箴"则为规劝之意。西晋著名文学家

— 49 —

史海蠡测
SHIHAI LICE

《女史箴图》人物像

张华作的《女史箴》，以女史的口气写宫廷规箴。规劝教育宫廷中妇女遵循封建道德，宣扬忠主敬神，对夫当从的女性箴条，借以讽喻专权、妒忌的晋惠帝的贾后。

《女史箴》全文如下：

茫茫造化，两仪既分；散气流形，既陶既甄；在帝庖牺，肇经天人；爰始夫妇，以及君臣；家道以正，王猷有伦。妇德尚柔，含章贞吉；婉嫕淑慎，正位居室；施衿结缡，虔恭中馈；肃慎尔仪，式瞻清懿。樊姬感庄，不食鲜禽；卫女矫桓，耳忘和音；志励义高，而二主易心。玄熊攀槛，冯媛趋进；夫岂无畏，知死不吝。班婕有辞，割欢同辇；夫岂不怀，防微虑远。道罔隆而不杀，物无盛而不衰；日中则昃，月满则微；崇犹尘积，替若骇机。人咸知修其容，莫知饰其性；性之不饰，或愆礼正；斧之藻之，克念作圣。出其言善，千里应之，苟违斯义，同衾以疑。夫出言如微，荣辱由兹，勿谓玄漠，灵鉴无象；勿谓幽昧，神听无响；无矜尔荣，天道恶盈；无恃尔贵，隆隆者坠；鉴于小星，戒彼攸遂，比心螽斯，则繁尔类。欢不可以渎，宠不可以专；专实生慢，爱极则迁，致盈必损，理有

第三章　求真路上的困惑

固然。美者自美，翻以取尤，冶容求好，君子所仇，结恩而绝，实此之由。故曰翼翼矜矜，福所以兴；静恭自思，荣显所期。女史司箴，敢告庶姬。

才华横溢的顾恺之将此名篇分段，一段一段地画成画，并将相在箴文题于画侧，这就是旷世名作《女史箴图》。

根据潘天寿《顾恺之》所述，《女史箴图》，现剩九段。其中教材的《女史箴图》的箴文当属第五画，而画当属第四段。"第四段画二后梳饰。插题箴文是：'人咸知修其容'至'克念作圣'六句。第五段画匡床，床帏间，男妇相背，红褥侧坐。男子揭帏作仓促而起酌情状。插题的箴文是：'出其言善'，至'同衾以疑'四句"。①

冯一下先生曾大声疾呼"要慎重地选择和使用图像"，提出要注意图像的时代，要认真分析图像内容的真实性，确实很有见地令人感念。在此斗胆狗尾继貂一句，还要准确完整地理解图像，不要因"局部"而把图像的原意曲解。我认为课文若用采用第四段、第五段，只要图与箴文对应，均可。②

课后延伸：

《彼得格勒武装起义》

---

① 潘天寿：《顾恺之》，上海人民美术出版社1979年版，第21页。
② 详见张志胜《关于〈女史箴图〉的"局部"问题》，《中学历史教学》2006年第11期。

史海蠡测
SHIHAI LICE

  彼得格勒武装起义是1917年俄国十月革命的首义,最终以攻占冬宫作为胜利的标志。《彼得格勒武装起义》油画想世人传达彼得格勒战役中激烈战斗的场面。然近来越来越多的研究者表明,彼得格勒战役中赤卫队并没有受到激烈抵抗。有人回忆说当时是冬宫的长官里琴斯基亲自打开宫门,将赤卫队带进冬宫。更有人调查说当晚其实只有6人伤亡,几乎是没流什么血。后来在苏共二十大时赫鲁晓夫说当时只死了一个人,米高扬也说十月革命几乎是和平完成的。在起义的次日亲临现场的人说当时的场景根本看不出任何战斗的痕迹,只看到一扇玻璃窗被打破。

《列宁在斯莫尔尼宫》

  《列宁在斯莫尔尼宫》油画是反映彼得格勒武装起义前列宁在斯莫尔尼宫向工人、士兵宣传的场景。我们注意观察油画,会发现在列宁的背后是斯大林,这直接向人们宣告一个信息,列宁和斯大林共同领导了彼得格勒起义。但是据当时参加起义的人的回忆,当时斯大林根本就不在斯莫尔尼宫。这场起义实际上的领导人是列宁和托洛茨基。

第四节 真实的图像,错误的结论
——以《甲午中日战争》课例

  忧郁的心啊,你为何不肯安息,是什么刺得你双脚流血地奔逃,你究竟

第三章 求真路上的困惑

期待着什么？

——尼采

通常我们所说的历史既包括作为事实的历史和作为其描述的历史。历史课堂教学过程中，常要求教师理解史料并描述历史，做出史学意义的解释和初步判断。如同解释自身的理论研究大致可有事实或逻辑两种途径，我们理解的史料既要符合逻辑更要符合事实。然而理解的主观性同历史的客观性始终矛盾，自以为符合逻辑、合情合理的解释，有时已陷臆断失真的尴尬。求真是历史学区别自然科学、哲学、文学的最本质特征，也是史学大众化过程中的生存之本。现实中历史教学实际操作层面上也很易出现史实的歪曲和失误。对教材中历史知识的理解或史料运用，我们往往将自己视野中描述的历史自以为实地认作历史的真实，造成传授给学生的历史知识已失真。

课题《甲午中日战争》

材料一 1891年，应日本政府的邀请，李鸿章让丁汝昌率北洋舰队的定远、镇远等六艘军舰访问日本。一时军容之盛，国际侧目。但当东京湾防卫司令东乡平八郎应邀上中国旗舰定远号参观时，他便觉得中国舰队军容虽盛却不堪一击。原来他发现中国水兵竟在被视为庄严而神圣的两门主力炮的炮管上晒衣服。

——唐德刚《晚清七十年》

问：通过这一材料能得出什么结论？

学生：清朝海军的腐败，理由是军纪败坏，炮管居然晒衣服。然清军舰队的炮管上的晒衣事件真能说明当时的北洋舰队腐败吗？查阅文献，同一时期其他各国的海军如美、德晒衣情况同北洋水师完全一样，毫无区别，根本不能从涉及晒衣的视角得出北洋水师腐败的结论。

史海蠡测
SHIHAI LICE

图1 美国海军"巴尔的摩"号巡洋舰，舰首和炮台附近密密麻麻晾晒着衣物

图2 德国海军炮舰"胡蜂"的主炮

　　早有学者提出，在19世纪的舰船上，尚无专门烘干衣物的设施，洗净的衣服水汽在舱内散发影响人的身体健康，同时也是担心水汽散发会导致机器锈蚀，晾晒衣服物只能依靠自然晾干。而军舰内部空间狭窄，且蒸汽化舰船内还装备了大量钢铁的机器设备，衣物洗好后均晒在舰船的露天甲板上。① 其实，中国海军史研究会研究员陈悦对这个流传极广的故事，早已

---

① 关于水汽在舱内对人健康的损害，参见[法]勒罗阿《水师保身法》，江南制造局光绪刻本。

考证是谎言,只是没有引起大家的重视。陈悦先生在《谎言如何成真:北洋海军主炮晾衣实为谣传》和《北洋海军军舰"主炮晾衣"说考辨》等文中对所涉军舰名称、事件发生地、东乡平八郎身份、故事版本流传等细节详加考察,一一驳斥了"主炮晾衣"说。指出谣言是日本小笠原长生首创,由田汉传入中国,再经罗尔纲、唐德刚等人三传,从而在中国广泛传播。而"无论是小笠原长生的原创,以及田汉的国内首发版本,或是罗尔纲、唐德刚继之的现代版本,都是错漏不堪的误会讹传。可就是这种稍微细心辨识,就能发现存在绝大问题的说法,很长时间以来还在被国内外涉及北洋海军、甲午海战的著述乃至文学作品屡屡使用,而且随着添油加醋、以讹传讹,'主炮晾衣'说的版本越来越多,错误也越来越大"。师生在课堂的理解,既不符逻辑又不符事实。[①]

课后延伸:

真实的文字——错误的解释

材料一 "我们的宪法之所以恒久,就在于它简洁。它是一块奠基石,而不是一座完整的大厦。或者用句老话比喻:它是根,而不是完美的藤。"

——威尔逊

这段话是人民版必修一《美国1787年宪法》这一课中常用的史料。一般我们会将"不完整""不完美"作为这段史料的切入视点,从而引导学生得出威尔逊这段话是指美国1787年宪法没有废除奴隶制度,带有种族歧视的局限性。其实威尔逊这段话并不如教师在上课所解释的。宪法作为国家的根本大法,是纲领性法律条文,是不需要追求完整的。

材料二 "如果我们把战争扩大到共产党中国,那么我们会被卷入到一场错误的时间,错误的地点同错误的对手打的一场错误的战争中。"

——布莱德利

---

① 详见张志胜、陈家华《我们应当教给学生怎样的历史》,《中学历史教学参考》2013年第8期。

史海蠡测
SHIHAI LICE

这是讲解朝鲜战争时十之八九会使用的史料,用于解释美国人对这场战争的看法。其实布莱德利说的并不是当前中国正在参与的朝鲜战争,而是指战争要是扩大到中国领土上,这其实是一种假设性的语气。

第五节 常识未必可信——以气候变化为例

2009年12月7日,举世瞩目的联合国气候变化峰会在丹麦首都哥本哈根召开,来自192个国家和地区的代表参加这次大会。由于2010年《京都议定书》第一承诺期行将到期,国际社会希望在本次大会上对下一步温室气体减排达成新的方案,就2012到2020年全球应对气候变化问题达成一项新协议。然而在历时近两周的会议中,参会人数已经远远超过了官方注册的一万五千人,会场内外硝烟四起,一片喧嚣,直到接近尾声的时候仍然没能达成共识。CCTV播出后社会反响强烈被下架。访谈双方世界观、价值观迥然不同,过于激烈对话部分已被剪。访谈最大的成功在于双方相互衬托出对方的伟岸。片中丁院士有一句话:中国人也是人!女神遭完美碾压。

访谈摘录:

第33分钟:丁院士问柴静:中国人是不是人,为什么你洋人要消耗一个中国人四倍的碳排放量?

第36分钟:丁院士悲愤地质问按IPCC(Intergovernmental Panel on Climate Change)(联合国政府间气候变化专门委员会)的方案中国2020年后每年要花1万亿人民币购买碳排放权是否公平。柴静不敢接话,反问丁院士作为一个科学家说话时用激烈的带情绪色彩的语气是否合适。

第40分钟:柴静谴责丁院士,说科学家不应该关心、参与政治,不应该以国家利益为出发点而应该以人类利益为出发点。丁院士说:我为发展中国家人民争取生存权发展权,这一主张同联合国的人类千年发展规划一致,难道不是以人类利益为出发点?

结合气候的常识,常识到考生必须坚定二氧化碳的排放量是造成地球温度上升的原因,而事实上经不起推敲。

2010 北京文综 39 题,"随着世界经济的发展,二氧化碳的排放量不断增加。目前,碳排放已成为全球普遍关注的问题……"评论家总是说这是高考的现代气息如何浓厚,体现关注现实的时代性。如"哥本哈根会议的召开使全人类都开始面对和思考全球气候变暖这一话题,作为高考选拔性考试没有回避这一重大时政问题。"

可是,命题者本身要思考的是:全球关注的所谓气候变暖这一命题本身是否能够成立?谁最有资格谈地球时间的气候变暖呢?以气候入题的伪命题,被认为常识未必正确。

1. 气候变化是正常,没有史料能证明全球变暖

地球时间的气候变化是再正常不过,没有准确有力的史料证明全球变暖,更是没有科学的依据已证明全球气候变暖。

在 1972 年,毕业于哈佛大学的气象学博士竺可桢发表《中国近五千年来气候变迁初步研究》,此文功夫之深,分量之重,无疑能跻身于世界名著之林。日本气候学家吉野正敏赞誉有加,竺可桢所发表的论文,经过半个世纪到今天,仍然走在学术界的前列。竺文提到"……近三千年来,中国气候经历了许多变动,但它同人类历史社会的变化相比毕竟缓慢得多,有人不了解这一点,仅仅根据零星片断的材料而夸大气候变化的幅度和重要性,这是不对的。"[①]竺可桢的这项研究,博大精深,严谨缜密,为学术界树立了光辉的榜样。他按材料的性质分为四个时期:一、考古时期,大约公元前 3000 至 1100 年,当时没有文字记载(刻在甲骨上的例外);二、物候时期,公元前 1100 年到公元 1400 年,当时有对于物候的文字记载,但无详细的区域报告;三、方志时期,从公元 1400 年到 1900 年,在我国大半地区有当地写的而时加修改的方志;四、仪器观测时期,我国自 1900 年以来开始有仪器观

[①] 竺可桢:《中国近五千年来气候变迁初步研究》,《考古学报》1972 年第 1 期。

史海蠡测

测气象记载,但局限于东部沿海区域。他提出一个值得深思的观点,"在历史时期缺乏天文学、气象学和地球物理学现象的可靠记载。在这方面,只有我国的材料最丰富。"[1]换言之,谁最有资格对气候变迁提供可信的材料,当然是文化从未曾中断的中国。我国一些所谓的专家采信几近无人知晓的英国东英吉利大学的数据,论证地球气候的变暖,实是舍近求远、舍本逐末的行为。

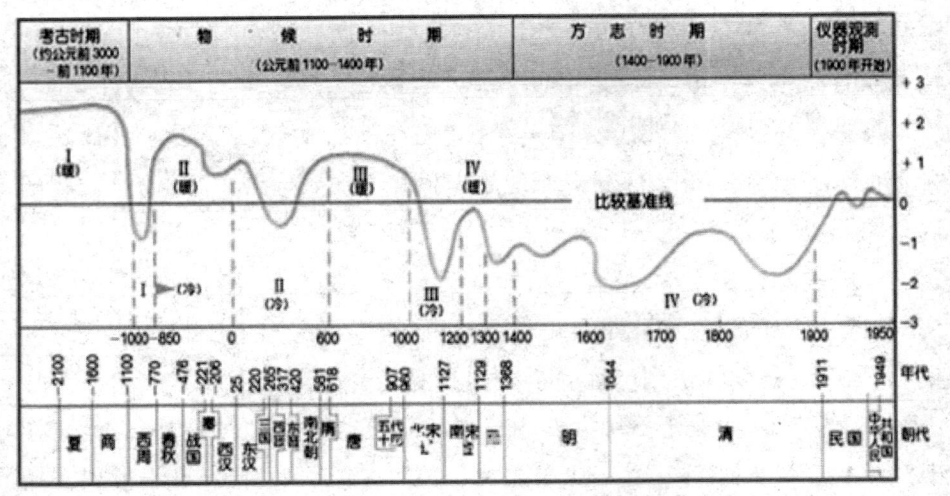

从上图可见,我们在历史上的许多时期气温明显高于今天,如夏商、西汉等时间段。河南省原来称为豫州,"豫"字就是一个人牵了大象的标志。这是有其含义的。[2]汉武帝刘彻时(公元前140—前87年),司马迁作《史记》,其中《货殖列传》描写当时经济作物的地理分布:"蜀汉江陵千树橘……陈夏千亩漆;齐鲁千亩桑麻;渭川千亩竹。"橘、漆、竹皆为亚热带植物,当时繁殖的地方如橘之在江陵,桑之在齐鲁,竹之在渭川,漆之在陈夏,均已在这类植物现时分布限度的北界或超出北界。一阅今日我国植物分布图,便可知司马迁那时亚热带植物的北界比现时推向北方。[3]公元前110年,黄河在瓠子决口,为了封堵口子,斩伐了河南淇园的竹子编成为容器以

---

[1] 竺可桢:《中国近五千年来气候变迁初步研究》,《考古学报》1972年第1期。
[2] 胡厚宣:《气候变迁与殷代气候之检讨》,《中国文化研究汇刊》四卷上册第35页,1944年。
[3] 侯学煃编:《中国之植被·中国植被图》,人民教育出版社1960版,第146~152页。

— 58 —

盛石子,来堵塞黄河的决口。可见那时河南淇园这一带竹子是很繁茂的。[1]何以证明地球的气温一定会变暖呢?

2. 决定温度变化主要因素是人类的碳排放还是太阳活动?

虽然,碳排放对气温的影响已被许多的高考命题专家采用,但还是越来越多的学者对人类活动的碳排放造成气温上升的问题提出不同的意见。中国环境科学研究院的杨新兴认为:大气温室气体主要包括水汽、二氧化碳、一氧化二氮、甲烷等,其中水汽对温室效应的贡献率约占95%;二氧化碳的贡献率约占3.62%,而人为活动排放的二氧化碳对温室效应的贡献率,大约只有0.105%左右。现在过分夸大了人为活动排放的二氧化碳对气候变暖的影响。认为人为活动排放的二氧化碳是导致全球气候变暖的罪魁祸首,没有充分的科学依据。[2] 也就是说,即使人类把减排工作做到极致,完全不排放二氧化碳,也只能减弱千分之一的温室效应。浙江大学气象物理研究所副教授谭季青也是其中一位。谭季青30年来一直走在气象物理研究的道路上,对"全球暖化"学说,他直言"那充满了误解"。谭季青说他在2002年之前也是全球暖化学说的信徒,但在开展了几个方面的研究之后,他从证据上开始不能接受这一观点。

真正对气候影响的是太阳黑子的活动。2010年1月,广东卫视播出了香港大学郎咸平教授的电视讲演《气候变化的惊天骗局》。郎咸平指出,"20世纪40年代初到70年代末的近40年间,虽然二氧化碳排放量增加,但全球的气候却是持续下降的,平均气温比1880—1940年间还低,与温室效应理论不符;而同期太阳黑子的活动也处于一个'低潮期',与气候变冷完全对应,可见太阳黑子才是影响气候变化的关键因素。"[3]1991年,丹麦气象学会的科学家记录了20世纪的太阳黑子活动情况,他们发现1940年之前,太阳黑子大幅增加,1940年之后开始减少,70年代之后又开始增加了,气温也随之上升了。见下图:

---

[1] 竺可桢:《中国近五千年来气候变迁初步研究》,《考古学报》1972年第1期。
[2] 杨新兴:《"气候变暖"论的误区》,《前沿科学》2010年第4期。
[3] 梁海东、罗江海:《气候变暖是一个伪命题吗?》,《河北企业》2010年第5期。

史海蠡测
SHIHAI LICE

据英国气象局报告，从六千万年前的恐龙时代至今，地球平均温度一直在12℃~22℃间波动，目前仅维持在14℃左右，由此可见，整个世界气候目前仍然处于偏冷状态，现在气温有所上升也是正常的。国际上也有不少学者支持这种观点，认为地球变暖与碳排放没有必然联系。

3."全球变暖"是科学还是政治？

气候研究作为一门自然科学，要求客观严谨，受政治原因诱导的科学研究是学界的耻辱。如哥本哈根气候峰会期间发生的一件丑闻———"气候门"事件。设在英国东英吉利大学的英国气候研究中心（CRU）是联合国政府间气候变化专门委员会（IPCC）相关气候报告最重要的数据来源。就在全球瞩目的联合国哥本哈根气候变化大会召开前不久，英国气候变化研究中心的网络遭遇黑客入侵，近千封电子邮件和大量内部资料均被窃取并公之于众。被盗窃的材料显示，该研究中心多年来人为有目的地修改气候变暖数据，片面强调全球气候变暖的影响。该事件在西方媒体引起轩然大波，称其为气候研究学术界的丑闻。

没有得到科学界共识的全球变暖理论和所谓二氧化碳问题，能成功演变成当代热门科学的真正原因，就是"科学的政治"。某些科学家挟含混不清的理论，借媒体炒作引发一定恐慌，政府随即投款给这些科学家做更多的研究，这些研究又形成更大的恐慌，制造轰动效应，以至于在媒体的推波助澜下进入一个恶性循环。这些理论成为主流观点后,主流刊物甚至拒绝发表相反的科学见解,以致社会舆论和政治人物更加相信他们制造的学说。对反对气候变暖的非主流派科学家来说,研究结果不仅不易发表,还得不到科研经费,影响学界升迁的问题。试问有多少经费是投给那些反对全球变暖的科学家进行研究的呢?在现实中,没有金钱的支撑又如何能有物质的力量去反对?

面对全球变暖的喧嚣,我们还得考虑一个问题:为何持全球变暖说的鼓吹者均是英国、法国和德国等缺乏石油等矿物资源的国家呢?究其根源,他们在风能、核能与太阳能等清洁能源方面投入大量资金,掌握众多核心技术的知识产权,其目的在于急于转让技术,出售设备来回收资金,获取暴利。而美国虽然自己对碳排放不热心,也不愿承担减排义务,但也别有用心地抓住气候变暖不放,试图利用这个伪命题阻碍或压制第三世界,特别是中国的经济发展。以全球变暖、碳排放等时代性的话题引入高考试题的编制,带给史学是一种关注现实的荣耀吗?还是冷静后的一种灼伤和刺痛?[1]

课后延伸:

奸臣未必一无是处,忠臣未必十全十美

提到李鸿章,大家对他的印象就是大奸臣、卖国贼,其中最让人诟病的是他签订《马关条约》《中俄密约》《中俄满洲条约》等一些丧权辱国的不平等条约,出卖中国的主权。可历史真实如此吗?对于一个历史人物的评价我们不应该局限于他的道德水平,更应该从当时的时代背景、逻辑结构出发。我们天真地以为是李鸿章签订丧权辱国的条约,卖国卖民,孰不知没有他背后的大 boss——慈禧太后点头,李鸿章能有天大的胆子在条约上签上自己的大名吗?那么李鸿章在这段历史中又扮演了怎样的角色呢?我们以其签订《马关条约》为例。

---

[1] 详见张志胜《历史高考热点问题的拷问与反思》,获浙江省历史教学论文获二等奖。

史海蠡测
SHIHAI LICE

　　1895年3月14日,72岁高龄的李鸿章以头等全权大臣的身份代表当时的清政府到日本求和。其实甲午中日战后李鸿章就被剥夺了所有政治头衔和荣誉。清政府本欲打算派张荫桓、邵友濂赴日本求和,但日本政府强烈要求李鸿章,李才被重新任用。李鸿章在出行前曾向朝廷上过一份奏章:"当相机迎拒,但能争回一分,即少一分之害……臣自应竭心力以图之,倘彼要挟过甚,固不能曲为迁就,以贻后日之忧;亦不敢稍有游移,以速目前之祸。"确实李鸿章在整个谈判过程与伊藤博文、陆奥宗光誓死力争。每次谈判结果,李都会及时电奏清政府和请示清政府。尤其在第三次谈判过程中受到日本狂热分子的袭击,当时子弹正好击中他的左颊骨,子弹取不出,流血不止。次日仍旧出现在谈判桌上,他自己也说:"舍予命而有益于国,亦所不辞。"正是由于李鸿章坚持不懈与日方谈判,加之李在日本国内受了伤,受到国际舆论的影响,日方不得不做出相应让步,最后是清政府减少赔款1/3,割地减少了近1/2。由此可见当为这些丧权辱国条约承担责任的应该是李鸿章背后的清政府,当然李也算是正政府内部的一分子。但李鸿章运用其超然的外交手段、谈判技巧为清政府挣回部分权益。

　　李鸿章一生位极人臣、呼风唤雨;开洋务运动,是中国近代第一人;与曾国藩、张之洞、左宗棠并成为"中兴四大名臣",更与德意志首相俾斯麦、美国第18位总统格兰特并称"19世纪世界三大伟人"。作为政治对手梁启超也曾发出这样的感叹:"吾敬李鸿章之才!吾惜李鸿章之识!吾悲李鸿章之遇!"李鸿章可谓是当时瓜分狂潮民族危亡时势下的英雄,可惜英雄未能改变当时中国时势。

　　　　　　　　　　——部分观点来自梁启超《李鸿章传》

　　作为李鸿章的正面例子,那就是我们的民族英雄——林则徐。对于林则徐,大家的印象总是保留在他是主张抗击英军,百战百胜,可惜受到大奸臣琦善的诬陷,被道光皇帝发配到新疆。由于林则徐的离去,英军才敢来犯。更由此还有人认为如果林则徐没有死,那鸦片战争将会是另一个结局,中国的近代史将会改写。也是,人们总是一厢情愿地活在自己的美好愿望中。

那么真实的林则徐又是怎样的呢？其实林则徐到了广州之后就看到了西方的器物的确强于中方，所以他开始搜集资料，提供给魏源编写《海国图志》，强调"师夷长技以制夷"。尽管如此，在公开场合林则徐还是不敢将其内心的想法公开。如他在一次给朋友的信中就写道："彼之大炮远及十里内外，若我炮不能及彼，彼炮先已及我，是器不良也。彼之放炮如内地之放排枪，连声不断。我放一炮后，须辗转移时，再放一炮，是技不熟也。求其良且熟焉，亦无他深巧耳。不此之务，既远调百万貔貅，恐只供临敌之一哄。况逆船朝南暮北，惟水师始能尾追，岸兵能顷刻移动否？盖内地将弁兵丁虽不乏久历戎行之人，而皆睹面接仗。似此之相距十里八里，彼此不见面而接仗者，未之前闻。徐尝谓剿匪八字要言，器良技熟，胆壮心齐是已。第一要大炮得用，今此一物置之不讲，真令岳、韩束手，奈何奈何！"这就表明其实林则徐对当时的中英情况观察得很到位，但他却在信的结尾写道："先生非亲军旅者，徐之缕此事，亦正为局外人，乃不妨言之，幸勿以示他人，祷切！祷切！"为了国家的发展，林则徐应该大胆严明，然后向朝廷提倡改革，然林则徐并未这样做。根本原因还是在于林则徐被那一时代的士大夫阶级的道德观、舆论所绑架。他不敢公然提出改革，怕招来流言蜚语的攻击。由此可见，所谓的民族英雄还是将自己的名誉看的比国家的命运还要重。

道光二十七年（1847年）英军再次兵临广州城下，徐广缙被任为两广总督，负责防御英军。徐曾写信向林则徐讨教如何抵御英军。当时林给予的回信是"民心可用"。咸丰六年（1857年）英法联军进攻广州城。这次叶名琛他们所重视的民心竟然毫无抵抗之力，不仅如此，当地民众还帮助英军把抢劫来的财物搬上船。由此可见林则徐还是受传统士大夫传统的高调和空谈深刻的影响。

——部分观点来自蒋廷黻《中国近代史》

史海蠡测
SHIHAI LICE

李鸿章（1823—1901年） 　　　　林则徐（1785—1850年）

岳飞是南宋著名的抗金名将、民族英雄。关于岳飞精忠报国，又以"莫须有"的罪名被奸臣秦桧所谋害的故事流传至今。翻看史料，其实岳飞在宋高宗年间并未有如此大的名声，当时人们对岳飞的死也没有报太大反响。查阅资料，岳飞是如何从一名普通的抗金将士发展成如今的民族英雄？从中你能得到什么启示？

第六节 笑话未必可笑——以中国证监会为例

2015年6月15日至7月3日,上证指数三周狂跌28.77%,造成了中国人空前的财富灾难:A股市值蒸发21万亿元,投资者户均损失41万元,抵普通人8年的工资,对于中国散户投资者——普通社会大众来说,这可谓是十分惨痛的悲剧。

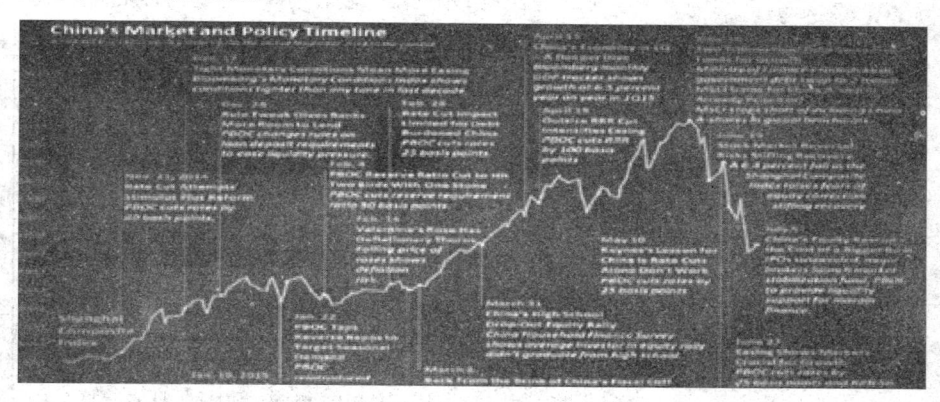

中国股市过去三个多星期狂跌,政府出尽手段救市但成效甚微。在千百万股民赔得倾家荡产一片哀鸣之际,官方的《新京报》星期四(7月9日)发表报道说:"今天上午,持续近10天的救市行动有了更大动作。履新公安部副部长13天的孟庆丰,带队赴证监会,会同证监会排查近期恶意卖空股票与股指的线索。"结果网络上马上有笑话般的段子流行:

证监会拿出态度支持,股市跌;
大妈拿出信用卡支持,股市跌;
公安部拿出手铐支持,股市涨;
想让股票涨,还的靠警察。

公安部是否可以拿出手铐?其实国家干预经济股市早在半个世纪前便出现了!罗斯福新政,联邦调查局打击白领经济犯罪!普京抓捕俄罗斯

史海蠡测
SHIHAI LICE

寡头,干掉俄罗斯亲美企业家!非常时期非常手段2008年美国次贷,美国政府也一样。杠杆加有毒资产,已经严重威胁国本,所以必须采用非常手段。

英美法系	又称普通法法系或者海洋法系。是指以英国普通法为基础发展起来的法律的总称	英美法系,它首先产生于英国,后扩大到曾经是英国殖民地、附属国的许多国家和地区,包括美国、加拿大、印度、巴基斯坦、孟加拉、马来西亚、新加坡、韩国以及非洲的个别国家和地区。到18世纪至19世纪时,随着英国殖民地的扩张,英国法被传入这些国家和地区,英美法系终于发展成为世界主要法系之一。通俗地讲,这种法系根据人们日常生活中形成的公序良俗进行判别谁是谁非,不看重学历威望,用平民组成陪审团,即便没有明文规定,只要不符合陪审团判别是非的观念就是违法。这样可以避免不法分子钻法律的空子,而且可以解决更多容易产生争议的案件,也有利于人们道德素质的进步。
大陆法系(civil law system)	"欧陆法系"之称,与英美法系同为当今世界两大重要法系之一	"大陆"两字指欧洲大陆,有法国、德国、意大利、日本等均采用大陆法系。中华人民共和国(除香港外)曾借鉴过大陆法系,并在此基础上逐渐形成了具有中国特色的社会主义法律体系。

大陆法系(civil law system)一词中的普通法系的散户有许多权利:第一,散户不需要任何证据就可以状告任何一个庄家,实行有罪推定,由庄家自证清白,证明不了就必须赔偿散户的全部损失。第二,由老百姓身份证摇号抽签组成陪审团来决定庄家有罪无罪,法官完全靠边儿站。由于陪审团完全是由法盲组成的,他们只能根据道德而不是法律判决有罪无罪,庄家和律师根本无法用法律来为罪恶开脱。第三,对故意违规者实行惩罚性赔偿,把全部财产赔偿给受害者,让违规庄家永远没有机会再次犯罪。对恶意违规和无意违规绝不施行"法律面前人人平等"。第四,诉讼主体包括

全体散户,只要有一个人控告庄家,全体散户天然就是原告,根本不需要各自打官司,只要一个人赢了,全体散户都会得到赔偿……

反观我们呢?

课后延伸:

中国的网友经常在骂中国的应试教育,歌颂国外尤其如美国这些发达国家的素质教育,他们从小培养学生的兴趣特长、行为能力等,将孩子送往美国学习已经是当下时代的一股潮流。美国的教育真有大家想象的这么美好吗?资深媒体人和传播专家曾在他开设的一档网络节目《逻辑思维》中提到:"如果你了解美国教育,你会惊讶于中美两国教育的相同。"他在节目中咨询了任教于美国大学的万维刚先生,说起美国社会教育其实也是应试教育的一种类型。我们所称颂的美国大学不以单纯的应试分数作为标准,其实质只是为了维护美国的社会阶级分化。了解美国历史的人应该知道美国最先是一个以英国盎格鲁撒克逊人清教徒为主要群体的移民国家。当然这批清教徒要维护自己世代在美国社会中的精英和领导地位,教育的分层就是其中的手段之一。美国著名大学,如哈佛、耶鲁,这些学校 19 世

史海蠡测
SHIHAI LICE

本质区别！更重要的是因为没有一个客观标准，一个成绩优秀、综合能力也过关的美国高中生也有可能是进不了这些名校。

反观我们中国，一个来自西部贫困山区的孩子，只要你够努力，分数达到清华北大的门槛，你就能成为中国最顶尖学府的学生，改变自己的命运，走进富人阶层。了解到此，你还会歌颂美国式教育吗？

万维刚和他的《万万没想到》

《新知客》《新知》《东方早报·上海书评》特约撰稿人万维刚先生在他所写的《万万没想到》中用有趣的实验、数据来解读感性的事物，其理工科思维涉及行为经济学、认知心理学、社会学、统计学、物理等许多学科，以前

第四章

我们依然求真

导读:春秋时期,掌齐国大政的崔杼杀了自己的主公齐庄公,齐国当时的史官就把这件事情给如实地记录下来:"崔杼弑其君。"专横的崔杼自然不愿意背负这个恶名,他一怒之下就把这个正直的史官给杀了。然而接替的这位史官也这样在史书上记录道:"崔杼弑其君。"崔杼又一怒,把他也给杀了。再接下来的史官,他接过沾有两位前任血腥的史笔,也还是这样记录道:"崔杼弑其君。"同样他也难逃被诛杀。接其位的第四任史官也如是记录道:"崔杼弑其君。"……尽管求真的路上艰难重重,我们依然坚持在路上。

第一节 历史事实的客观性问题

本课要点:历史事实的客观性、历史认识的逻辑性

所谓历史事实,指的是在一定时空中确曾发生过的事实,关于史实的认识涉及对其是否发生、发生于何时、何地、发生经过及规模、涉及事件的人物、身份等基本情况的核实、澄清与记录,而关于事件发生的因果、意义等问题则属于进一步的阐释,超出史实认识的范围。所谓还历史以本来面目的说法既可能是在事实层面上说,更可能涉及宏观历史图景的建构,后

史海蠡测

者不属于我们讨论的范畴。历史事实的确立与澄清在技术上可能是艰难与复杂的,但历史学家在这方面不存在原则上难以消除的认识歧异,其认识客观性之成为问题,主要是出于某些纯粹理论思辨方面的理由,史实层面上关于历史认识客观性的质疑最终也许可以证明不过是杞人忧天。

关于历史事实认识客观性的疑虑涉及主客观两个方面,怀疑论者给出的主观方面的理由是,"历史学家不可能排除个人的权衡。"贝尔德宣称:"历史学家无论怎样净化,仍然是人,是一个占据时间、空间、环境,具有兴趣、嗜好和教养的生物,记载事件、描述历史不可能成为中性的镜子。"沃尔什认为,在"造成历史学家之间意见不一致的因素"中,史家不同的理论观点与形上道德及哲学观念是难以消除的主体性因素。[①] 这些主观因素据说影响到史家从原本残缺不全的历史记录中做出各取所需的选择,令其关于"伦理和美学方面的考虑"影响其关于事件的兴趣,等等。

历史学家个人主观偏好的存在及其对认识客观性的影响均无可置疑,我们主观上公正地看待事物是否能保证认识结果的客观化?那么主观片面对于认识客观性的影响亦不是决定性的,希望历史学家通过尽量贬抑主观性以达到所谓"太监式的客观性"不切实际,关键还在于心理与逻辑的区分。区分"心理的东西"与"逻辑的东西"是由传统考察认识心理与过程的认识论转向关注认识成果的经验与逻辑辩护的知识论趣向。将之移用到历史客观性的研究中,认为一种认识的"出处"与其"合法性"和"正当性"是应该且可能区分开来的两件事,准此,认识客观性的保障不在于主观性的彻底消解,而在于对认识结果客观性甄别手段的存在,只要存在这样的手段,则个体的主观性不足以危害具有客观性认识的达成。这一思路与通过制度安排而不是寄希望于人的主观善意或修养达成政治清明有异曲同工之妙。基于这一认识,怀特指出:"历史学家的好恶、偏见并不排除其……达致客观结论的可能性,就像一个医生将其病人由疾病中解脱出来的激情……并不排除其发现医学……真理的可能性,而怀疑论者由史家主观

[①] 《历史哲学·导论》,第五章第三节。

第四章 我们依然求真

因素存在的心理事实径直推出否定历史客观性的逻辑结论则是犯了历史哲学中典型的致命错误：混淆了历史解释的心理学和逻辑学。"

上述思路成立的最终关键是关于认识客观性"检验与反驳"机制的存在,自然科学中,这一机制即经验实证手段的存在是毋庸置疑的,正因如此,巴斯德与牛顿虔诚的宗教信念并不影响他们关于抗菌素与力学定律的发现。然而,历史认识中,具体说史实确立的层面上,这一思路是否同样成立？

历史最独有的特征就是其过去性,这与自然科学研究对象的当下实在性存在着显著的差别。所谓实在,通常指的是现在,现实从时态上说表示现时当下存在。于是,依照某种观点,历史事实"并不像砖头那样是轮廓分明的、可以测出重量的、某种坚硬的、冷冰冰的东西"。实际上,即使是在自然科学中,所谓客观事实同样转换成某种语言符号的形态,这与史学中所发生的情况本质上并无二致,区别所在,只是在史学中这一转换必然是在不同人之间完成的,而在自然科学中,虽然也可能如此,但却不必然是这样。此外,历史事实虽不具有当下的完整存在性,但也并不是就完全销声匿迹,一方面,它往往在各种物质遗迹中留下了关于自身存在的证据,尤以建筑遗址及地上地下文物为著。历史上发生过的事情留下了相关的文字记载,这是史料最重要的来源。因此,虽说后人对于历史本身不可能有直接的感知经验,但根据其物质、精神遗存所保留的信息,仍然可能间接获得对它的认知。前者与现实中刑事侦查依据些微现场痕迹如指纹、弹道等复原犯罪事实本质是一回事,而就文字记载而言,抽象地说,历史事实在此成了某种精神形态的东西,似乎难免其主观性,但具体地说,这种记载无非是某种当下经验的记录,其可靠性在当下与今天我们关于身边事物的观察是等效的,时间的因素不过增加了我们认知的技巧上的困难,却并不构成原则性的障碍。至于记载上主观失实之处,史学上通过同质或异质史料交叉互证等一系列方法论原则与技术均可保证对它的校正。总之,在历史遗迹及史实记载与原始历史事实之间存在着由普遍接受的标准方法程序保证了的严格的可翻译性,而这最终又是由史料原则上的可经验实证性所决定

史海蠡测

的,在此基础上,历史认识在史实层次可以达到与自然科学同样的客观性,这由历史学家在史实方面原则上不存在无以消除的理论分歧亦可得到清楚的印证。

当然,由于时间与史学话语霸权的原因,留存下来的史实事实上具有相当大的随机性,它不仅在本质上是残缺不全的,更糟的是,它往往是片面的。尽管历史话语总是存在大大小小的缝隙,弱势一方的声音于此隐约可闻,但从根本上说,所谓历史是人民写的其实是夸大其词的说法。据历史记载,在关于"十字军东征"的史料中,基督教方面的史料与伊斯兰方面的史料存在着严重的不平衡。1798年爱尔兰起义的史料中,政府方面的档案有10 000件,而起义者方面的材料则只有100件。不过,尽管在一定范围内客观性与全面性之间具有某种相关性,但一般说来客观性与整全性是相对独立的,我们并不需要掌握所有事实才能达到对特定历史事实的客观认识,正像在科学上我们不必解决了所有问题才能解决某一问题,过分的全面性要求事实上属于求全责备。在任何意义上,认识客观性的要求都不意味着在认识中构筑一个全面再现实在的精神性仿真系统。

学思结合:

根据关键材料:(1)1962年罗伯特·肯尼迪(检查总长)致迪恩·鲁斯克(国防部长)的备忘录;(2)1974年的赫鲁晓夫回忆录;(3)杜布里宁(驻美大使)致莫斯科的电文;(4)西奥多·索伦森编辑《惊爆13天》的文稿;(5)影片《惊爆13天》,建构"古巴导弹危机"的完整叙事。

史实掌握与考证在历史学家的工作中占有相当重要的比重,在某种意义上,它是史家的看家本领。就客观性而言,史学与文学艺术的界限及其作为真正学术的声誉在很大程度上是由其在史实方面的可信性确立的,这也是支撑我们关于历史认识客观性信念的一个重要的根据。主要出自历史学家操着明显理论思辨腔调的怀疑论主张的确让人感到有些业余。

历史客观性是一个难以定论的话题,一方面,想要对历史的客观性采用一概否定肯定是行不通的,这与我国五千年来的史学实践不相符合,而且,这也在表明是对我们自身史学研究资格的推翻。因此,正如沃尔什所说的那样,他还没有发现谁对此持一种彻底怀疑主义的理论立场。① 另外,在史学的阐释和叙述层次上对于历史客观性是存在歧义的,单纯的历史客观主义是难以存在的。尽管许多历史学家从历史哲学性来为历史客观性做辩护,只要仔细观察就会发现,这些历史学家们所做的辩护仅是针对那些怀疑者的论点再加以辩驳,但是真正从立论上来说这些历史学家们基本没能提出系列性的观点来佐证历史客观性的存在。比、英、法等国的历史学家曾经共同撰写了拿破仑的滑铁卢之战,结果是不同史家撰写的滑铁卢之战就如出一辙,由此兰克以此来佐证历史的客观性,仔细想来用于此来佐证历史的客观性过于简单。历史并不是对于问题的选择性回答,而是需要对过程、结论做出细致的分析,并为自己所提出的论据找到尽可能的论证。

课后延伸:

有的历史教科书中写道,洛克的思想是对"光荣革命"的公开辩护,是"光荣革命"原则的总结和发扬。洛克的著作成稿于1688年革命之前,在革命发生后匆匆出版,从洛克个人的角度说,可能带有为革命辩护的意图。从实际效果看,这部著作虽然几次重版,但并没有引起广泛的注意,也不受时人的推重。为"光荣革命"辩护的辉格派主流思想,与洛克的理论有很大的不同。他们不仅很少引用洛克的言论,而且极力回避洛克倡导的社会契约、革命的权利等激进的原则,而主要诉诸英国古代宪法和国王的责任等观念,带有明显的保守色彩。可见,在1688年革命后的一个时期,洛克的著作并没有特别突出的地位。到了18世纪中后期,美国革命者利用洛克的理论为反英运动辩护,英国国内的激进主义者也借助洛克的理论来阐述改革的主张,使它产生了在其出现的时代所不具备的影响。到19世纪英美自由主义成为一种思潮以后,《政府论两篇》才成了这一思潮的一部经

---

① 参见沃尔什《历史哲学·导论》,第9页。

典。如果不了解洛克理论的历史地位的演变，用它在后来所逐渐集聚的影响来附会它在 17 世纪末期的地位，就会得出与事实不符的看法。

阅读上述材料思考：总结上述材料关于历史事实的评价观点。进一步思考应如何对历史事实进行评价。

第二节　求真不是一个极点，而是一个过程

本课要点：历史求真的艰难性、求真是永恒的追求

在上文之中我们已经论述了历史的概念，历史具有双重性质：历史 Ⅰ 和历史 Ⅱ。历史 Ⅰ 已然是客观存在，历史 Ⅱ 涉及理解与解释。抑或可以理解为：将史料作为历史的基础，历史学家在此基础上对历史进行加工，形成历史认识，使过去的历史赋予现实的意义，更是增添历史的生命价值，使其具有灵魂，能够为今所用。从中也可以看出历史 Ⅱ 的作用似乎比历史 Ⅰ 更具有现实作用。由此看来能够掌握理解和解释历史的历史学家们的思想品质、学术修为尤为重要。就个人观点，一个人的学术修为如果达到用哲学的范畴，那便是真正达到一定境界。具有哲学思维的史家能够在史料的基础之上，超越史料，超越技术，超越表象，将历史理解或解释带入一个更高的程度。

历史常说论从史出，一般来说史料是根据过去发生，客观存在，可以说史料是不变的，当然这并不是绝对的不变，随着技术的发展，新史料的出现，对于历史的认识就会出现新的诠释，因此我们可以说历史理解与历史解释是随着历史学家的认识在不断改变。如关于秦朝设郡的数目，近代王国维在《秦郡考》中考证共有 48 郡。现代谭其骧在《秦郡新考》中推定为 46 郡。由谭其骧主编的《中国历史地图集》对 46 郡的方位加以标注，此说的权威地位已经确立。但 2002 年出土的湘西里耶秦简中，出现了"洞庭郡"的文字记载。此前有人认为湘西应该属于黔中郡管辖。而里耶秦简的出土使得历史学家们对于湘西的归属以及秦郡的数量都要做重新的认识。

由此可见新材料可以为新观念所激活,从而具有新的意义。而历史诠释的最初依据和最后底线,都是史料。我国素来重视历史,从文字诞生以来便重视史料的积累,史料之丰富也是难以斗量,由此来看对历史的诠释可谓是一场无休止的论战。

历史有两个维度:诗与真,人文与科学。我们的思想活动是诗与真的统一,历史也是诗与真的统一,历史中存在极点,那便是过去发生过的事,过去发生的事是客观存在,不为人为多一分不为人为减一分。比如在公元前800年至公元前200年在中国出现以孔子、老子为首的诸子百家文化大繁荣,在古希腊出现了荷马、阿基米德、亚里士多德等伟大人物,在印度释迦牟尼创立佛教,在以色列出现一系列先知,这些都是事实,是历史中的真,是不容争辩,就是极点。而1949年德国哲学家雅思贝尔将这一时代归结为"轴心时代",认为轴心时代奠定人类最重要的四大古文明的基础,人类社会此后的发展,都是在这个时代开创的格局中继续进行。这一观点20世纪80年代传入中国,中国学者普遍接受,然而今天历史学家提出另外一种看法,中国古文明的奠基在于商周时期。中国经典历来都是"经史子集","经"指《诗经》,"史"指各类史书,"子"指诸子百家的书,"集"指文集,从中的排列顺序可以看出,"子"是排列在"经"与"史"之后,正如孔子说"述而不作",诸子百家的思想是建立在商周"经""史"之上,故可以看出商周文明更应为中华古文明的奠基时期。综上便是历史中的诗维度,随着时代的发展,诗维度在不断创新,力求更加贴近历史的真,达到诗与真统一的维度。故历史的求真不会有极点,只是一个过程。马克思主义的发展也是一个不断求真的过程,处于第一次工业革命时代的马克思《资本论》,以及处于第二次工业革命后的列宁的《帝国主义是资本主义的最高阶段》,以及处于第三次工业革命浪潮的邓小平的特色社会主义理论,一次次的理论更新正是在不断追求真理——社会主义的本质。

求真是一种过程。我们以新航路开辟的过程为例,在探究向西方航线的过程中,由欧洲出发向东,最后到达印度,但也不能由此断言,我寻找到了东方,寻找到了真理,由欧洲出发向西走这边是真理之路,离开这条路线

史海蠡测
SHIHAI LICE

就是真理之外。事实证明麦哲伦由欧洲出发向西行驶,经过大西洋—太平洋,达到东方。这也是一条通往东方的真理。真理是由欧洲到东方,真理没有固定路线,真理是寻找东方的过程。有人曾提出真理的绝对性问题,但真理没有绝对性。真理是相对的,真理建立在时代认识的基础之上,后人在前人所探求的结果之上发现问题,做出创新。正如牛顿的加速度建立在伽利略的自由落体定律之上,爱因斯坦弥补了牛顿在物理学研究领域中时空观念,提出相对论。当然我们并不能以现代眼光指责牛顿发现的真理是伪真理,牛顿用数学公式解释"上帝的愤怒之鞭",是人类可以用规律解释自然界。但牛顿生活在工业革命,传统的马车并不能对时空观念产生冲击。而生活在新式交通工具之下的爱因斯坦则不然,汽车、飞机改变了人类的时空观念,在爱因斯坦解释自然的过程中当然会将时空观念加以衡量。故真理是一个不断追求的过程,根据不同的时代,不同的情况有不同的方式理解真理。

追求真理的过程更应该是一个开放性的过程。开放性需要借助在思想自由的基础之上,正所谓"百花齐放、百家争鸣"才能够促进思想文化的繁荣。在中国历史发展过程中比比皆是,汉王朝罢黜百家、独尊儒术,思想定于一,对于学术的发展并不能有很大的推进作用。而春秋战国、民国时期是中国思想的繁荣时期,历史研究更具有生命活力,在此之中的思想碰撞,打开思维,能够衍生出更多追求真理的路径。再如西方14世纪的文艺复兴运动,人文主义构建整个时代底层观念、价值基础以及思维方式,这时期诞生的艺术文化对于推动人类社会发展起着巨大作用,同时也要注意它的局限性。一种思想被强调到极致便容易向相反的方向发展,如人文主义的过度强化带来的理想主义、自我主义的泛滥。在理想和现实之间怎样保持一种最佳状态的和谐,应该成为衡量一切思想体系的一条准则。

课后延伸:

青岛大学吕明灼在其一篇期刊《历史求真,难在哪里》中提到:历史研究"求真""求实",是一条困难重重的艰辛路,有主观和客观的六大路障需要克服:古今关系的错乱,不同历史观的制约,社会思潮的左右,政治力量的、革命与科学性、政治力量的干扰,市场大潮的冲击,秉笔直书的风险等。其背后涉及历史与现实、批判与继承、学术与政治、革命性与科学性、革命现代化、阶级斗争与历史主义等。

阅读《历史求真,难在哪里》这篇文章,感受历史求真的艰难性。结合本教材内容,谈谈如何排除历史求真途中的这些路障,还原历史本来面貌?

史海蠡测
SHIHAI LICE

第五章

历史思维

导读:什么是历史思维呢?首都师范大学历史系教授张小兵提出较为全面的解释,历史思维应包括以下几个方面:第一,在思维目的上,历史思维是为了认识人类社会发展的现象及其本质,主要是搞清楚历史是什么和为什么的问题;第二,在思维对象上,历史思维主要是以已经过去了的人类历史活动作为认识的客体的;第三,在思维的方式上,历史思维主要依据有关历史的材料,并透过材料对历史的原本进行认识的;第四,在思维特征上,历史思维是从全面的、辩证的、发展的和联系的、具体的和综合的角度,来考察人类社会的问题;第五,在思维原则上,历史思维要从马克思主义的立场出发,以科学的世界观和方法论对社会历史进行认识活动;第六,在思维的运用上,历史思维既是对历史的认识方式,也是用以认识现实社会的。[①]

第一节 历史需要思辨性、批判性思维

本课要点:历史思维:思辨和批判

[①] 张小兵.《论中学历史教学中的历史思维能力》,《首都师范大学学报(社会科学版)》,1998年第1期。

第五章 历史思维

"学生",为什么老祖宗要把学生叫作"学生"?这个问题笔者曾在课堂上问过学生,有学生说:从来没想过这个问题;也有学生说:这是让我们学会生疏的知识;还有学生说:学会生活。进一步追问,历史教育与"学生"有什么关系呢?有的学生会说:历史教育能够培养人文素养、家国情怀。的确这样的回答不无他的道理。回想古代教育,无论是东方还是西方,历史都是必修的一门课程,太史公司马迁就在其《报任安书》中提到历史的作用"稽其兴、坏、成、败之理"。宋代史学家吕祖谦也说:"观史如身在其中,见事之利害,时之祸患,必掩卷自思,使我遇此等事,当作何处之。如此观史,学问亦可以进,知识亦可以高,方为有益。"由此可见在中国传统观念中历史教育通过阅读史书,考察历史事件兴盛成败原因以及分析横向纵向联系,将书中的智慧融合为自身的智慧,从而达到培养人的历史思辨性、批判性思维,增长人的智慧。

资料卡片:

读书时,须细看古人处一事,接一物,是如何思量?如何气象?及自己处事接物时,又细心将古人比拟。设若古人当比,其措置之法,当是如何?我自己任性位置又当如何?然后自己遇错始见,古人道理始出。断不可以古人之书,与自己处事接物为两事。

——清代名臣左宗棠的读史方法

历史思维能力培养问题也是近现代教育学家、历史学家关注的一个焦点。英国教育学家著名唐纳德·汤普森提出:"学校的历史学习,不是把焦点集中在历史本身或发生了什么,而是集中在我们如何具有对历史的认识。最重要的是接触和反映探究的过程、获得知识的方法,其次才是设计历史探究的成果,即历史的实际情况及发展。"[1]随后历史思维研究在历史

---

[1] 唐纳德·汤普森:《理解历史:程序与内容》,阿拉里克·迪金森等《历史学习》,1984年,第169~178页。

史海蠡测
SHIHAI LICE

学界、教育界掀起研究热潮，随之理论研究的成熟，20世纪70、80年代美国、英国、苏联等教育发达的国家，逐渐在教育大纲中明确提出培养学生的历史思维。

历史求真是历史学界永恒的追求目标，始终使人们在不断努力。在这段艰苦的历程中，对待一个复杂的历史问题，如何抽丝剥茧追求历史的真相，这就需要独立思考，运用历史思辨性思维和批判性思维。台湾大学历史学博士吕世浩曾举过一个例子：在台湾初中生的语文教材中有一课《木兰诗》，文本对于"唧唧复唧唧，木兰当户织"中的"唧唧"解释为织布机声。然文中随后就出现"不闻机杼声，唯闻女叹息"。如此将"唧唧"解释为织布机声，这就出现上下文相矛盾。而对于文本中的注解，台湾当地的学生普遍欣然接受，没有提出这个疑问。由此可见学生在当前学习中思辨性、批判性思维的缺乏。再举一个例子：北京师范大学历史系副教授张汉林说起他的一次经历，他在南方某一个城市遇到一个看似文化程度不高的出租车司机。当司机得知他们是教师之后，向他们提出一个问题："你们为什么不教给学生五四精神和文革精神?！"[①]在民间居然还有"文革精神"一词存在，更是和"五四精神"相提并论！原来在他们的记忆中"文革"是毛泽东发动人民群众斗官僚的运动，这可不就是和"五四精神"有异曲同工之处。如果这种观念在中国民间流传，成为大家对"文革"共同的记忆，后果可想而知。为此可见，学会独立思考，运用历史思辨性、批判性思维的重要性。

课后延伸：

《史记·留侯世家》中有这么一段记载：

良尝间从容步游下邳圯上，有一老父，衣褐，至良所，直堕其履圯下，顾谓良曰："孺子，下取履！"良鄂然，欲殴之。为其老，强忍，下取履。父曰："履我！"良业为取履，因长跪履之。父以足受，笑而去。良

---

① 张汉林：《从历史学谈历史学科的核心素养》，《历史教学》2016年第9期。

殊大惊,随目之。父去里所,复还,曰:"孺子可教矣。后五日平明,与我会此。"良因怪之,跪曰:"诺。"五日平明,良往。父已先在,怒曰:"与老人期,后,何也?"去,曰:"后五日早会。"五日鸡鸣,良往,父又先在,复怒曰"后,何也?"去,曰:"后五日复早来。"五日,良夜未半往。有顷,父亦来,喜曰:"当如是。"出一编书,曰:"读此则为王者师矣。后十年兴。十三年孺子见我济北,谷城山下黄石即我矣。"遂去,无他言,不复见。旦日视其书,乃《太公兵法》也。良因异之,常习诵读之。

《圯上敬履》

《圯上敬履》的故事在中国传承了数千年。黄石翁和张良都是中国古代智慧的象征,他们俩相遇的故事其中蕴含的价值并非仅仅"尊老""守信"如此简单,太史公将其收入《史记》肯定是想向后人传达更为深层的价值。请模仿吕祖谦读史的方法(将自己置身于历史事件中,遇到重要事件节点时,合上书本思考自己会怎么做,再打开书本,对照主人公处理方法以及结果,反思差别所在),重读这段历史,谈谈你的新体会。

第二节　如何培养历史思维

本课要点:如何从史料出发培养历史思维?

史海蠡测
SHIHAI LICE

在历史求真的过程中,不可避免地会遇到史料。史料是认识过去的依据,是历史研究的基础,也是培养历史思维的出发点。解读史料是培养历史思维的重要途径。史料中包含的材料有显性信息也是隐性信息,其中显性信息传达的是历史事件"是什么",而隐性信息传达的是历史事件"为什么"和"怎么样"。如何从史料中提出有效信息、形成自己的结论?我们用例子来说明。

美国著名报人霍勒斯·格里利在《水晶宫及其经验》中谈到第一届世界博览会:1851年英国举办"万国工业博览会",有10个国家接受邀请,此为世界博览会的开始,后来逐步发展成为世界性盛会。为了显示国力,英国政府耗用4000多吨铁和400吨玻璃,建造了一座长逾1800英尺、高逾100英尺的"水晶宫"。此次博览会令人瞩目的展品当属引擎、印刷机和纺织机械等产品。在19世纪,原材料、机械、工业制品及雕塑作品成为世博会的主要展品,蒸汽机、混凝土、铝制品、橡胶、缝纫机、印刷机、火车、电动马达等相继成为展会上的新宠。① 从这段材料中明确告知我们的是这次博览会的时间、地点以及展出的工业品,这是显性信息。解读材料的关键在于通过显性信息,发挥思维能力找出隐性信息。材料中明确告知我们这次主要展品为蒸汽机、火车,能够很容推断出这是出于第一次工业革命期间。结合1851年这个时间点以及英国为主办方这两个信息,可以得出这是这次博览会举办的历史背景:第一次工业革命即将结束。

英国近代史教授查理德·奥维利在2005年5月7日的英国《卫报》中发表了一篇名为《我们不应忘记战争如何胜利》的文章,其中提到:"在二战中,中国在亚洲太平洋战场的角色不容忽视。"② 这段材料从显性信息来看,是表达中国抗战在二战中的重要性。但是结合发表的时间2005年,这正是世界反法西斯胜利60周年。那么这段话就有了更深层次的含义:反对法西斯,追求世界和平。

---

① 参见霍勒斯·格里利《水晶宫及其经验》。
② 查理德·奥维利:《我们不应忘记战争如何胜利》,《卫报》2005年5月7日。

第五章 历史思维

实物史料也同样具有显性与隐性。我们以古代农业生产工具、生产技术为例。

图组一

| 旧石器时代 | 新石器时代 | 青铜时代 | 铁器时代 |

图组二

| 人力翻车 | 牛力车 | 水转翻车 |

两组图从直观上反映的是生产工具从最初的普通石头到打磨石器到青铜制农具再到铁质工具；农业生产的动力经历了从人力到畜力，再由畜力到自然力的发展过程。这样的解读只限于表面，更深层次的解读就需要结合以后的知识储备，从农业在古代经济中占主导作用分析，得出农业生产工具的改进是推动古代农业发展的决定性因素。同时也表明以小农个体经营为主的中国传统农业经济使得农业耕作技术难以实现进一步革命性发展。

上述说到史料是我们认识过去的依据，是历史研究的基础，通过史料

史海蠡测
SHIHAI LICE

解读可以培养历史思维能力。值得注意的是史料并不等同于史实。因史料的编撰者是具有主观能动性的人,因此在史料的编撰过程中难免会带有偏向性。如司马迁在著《史记》时撰写的是《秦始皇本纪》,秦始皇真的叫秦始皇吗?《史记·秦始皇本纪》开篇就告诉我们秦始皇真正的称呼应该是"秦始皇帝"。《秦始皇本纪》中也唯有在开篇这一词称其为"秦始皇帝",其他处都称"始皇"。为什么会出现这样的情况,难道是司马迁为了简称?当然不是,在中国古代"帝"是高于"皇",换句话说也就司马迁认为秦始皇在其心中还没能够得上称"帝"。一字即贬,这就是中国古代的史法;一字之差也包含《史记·秦始皇本纪》的编撰者司马迁对秦始皇本人的偏见。所以在解读《史记·秦始皇本纪》时,我们就要运用历史思辨能力。再举个例子,以武则天的大女儿夭折事件为例。《唐会要》记载:"昭仪所生女暴卒,又奏王皇后杀之,上遂有废后之意。"①据此史料客观地表明武昭仪所生的女儿是属于突然死亡,而武昭仪正好利用了这个机会扳倒王皇后。而在另一本史册中又是另外一番记载,《新唐书·后妃列传》中记载:"昭仪生女,后就顾弄去,昭仪潜毙儿衾下。伺帝至,阳为欢言,发衾视儿,死矣。又惊问左右,皆曰:后适来。昭仪即悲涕帝不能查,怒曰:后杀吾女,往与妃相谗媚,今又尔邪。"②这段史料对武则天杀女事件描写得活灵活现,我们现在读起来仿佛还能身临其境:看到武则天悄悄溜进房间的身影,看到武则天拿起被子捂杀女儿的画面,看到武则天在唐高宗面前发挥超强的演技。可是这样的描写身在北宋的宋祁、欧阳修、范镇、吕夏卿等编史之人怎么得知?除非穿越时空,否则别无他法。因此,认识到史料背后是隐藏着一个人,这个人便是作者的主观认识。由此可见用历史思辨性、批判性思维去辨析、鉴别史料与史实具有重要意义。

如何区分、鉴别史料呢?在第二章略微有涉及,在此,我们详细述说。拿到史料,第一步要辨别是真是假,即辨伪。如何判断真假,梁启超在《中国历史研究法》中提出鉴别伪书的12点方法,大致概括表述为:第一,记载

---

① 《唐会要》卷三。
② 《新唐书·后妃列传》卷七十六。

第五章 历史思维

的事在以往史料中从未出现过的或者从没有引用过的,大多是假的;第二,记载的事件虽然在以前出现过,但此书中记载的与以前记录完全不同,大多也是假的;第三,没够明确的作者、时间、出处的,大多是假的;第四,所记载的事被人考证出与前者记载有出入的,大多也是假的;第五,前人记载时有明确的引用来源,而现记载的引用来源与前人有出入,大致能肯定是假的;第六,撰写的作者与历史事件存在时间上的先后顺序,其记录不可信;第七,有明显被人篡改过的痕迹,也是不可信的;第八,书中记载的事与实际情况不相符的,必定为假;第九,在两本书中同记载一件事,而且记载的不同,其中一者有误或者两者皆误;第十,每个时代都有自己的写作文风,从文体也能判断其是否属于那个时代下的作品;第十一,结合以后的知识储备,置身于历史情境中,思考历史演变的可能性,如书中记载不合情理者,十之八九是为假;第十二,书中出现的观点是后来人才提出的,并非那个时代的产物,此书记载必为虚。

梁启超和他的《中国历史研究法》

鉴别史料的第二步是史料校勘。史书无论是在以前手抄中抑或在现在的印刷中难免会出现错误,如最早出现把"史"与"记"结合起来称作史书是在一次古书传抄过程中出现错误。这同样影响史书的真实可靠性。

鉴别史料的第三步是考证。史家出于情感偏向造成的曲笔现象在史料中难以避免,这就要求后来的读史者具备一定的历史思维,用思辨的态度对待史料。常用的史料考证法一般有以下几点:第一种,最源头的记载

史海蠡测
SHIHAI LICE

最为可靠。换言之,最可信的史料是一手资料,二手、三手资料经过后人的传抄更加容易带有编撰者的主观色彩。如上述关于武则天杀女事件,作为武则天的政治对手骆宾王写的《代李敬业讨武曌檄》中也只骂武则天"残害忠良,杀姊屠兄,弑君鸩母"[1]。如果时人也认为武则天杀自己的女儿嫁祸给王皇后,这么好的题材,骆宾王怎么不用呢?这说明至少在当时人心中并不认为小公主是武则天杀的。反而到了北宋宋祁、欧阳修等所编的《新唐书·后妃列传》中活灵活现地描写武后杀女的过程。第二种,找出书中自相矛盾之处,判断曲直。第三种,寻找书本以外的资料用于证明。如谭其骧在《秦郡新考》中推定秦朝设46郡,并在《中国历史地图集》中对这46郡的地理位置加以标注。在2002年出土的里耶秦简中出现了"洞庭郡"的文字记载,这对就谭其骧之前所作的结论提出新的挑战。第四种,运用逻辑思维,根据已有的史料,结合间接的旁证,运用推理和联想,上下内外联系,前后左右旁通,就如侦探破案般,推测历史发展的真相。如现任日本就实大学教授李开元针对古代史史料少之又少的情况,提出一个新的观点:"有一分材料说十分话"。

李开元和他的《秦谜——重新发现秦始皇》

课后延伸:

历史学家刘易斯·纳尔米及其追随者认为,18世纪政客们一心追逐权

---

[1] 选自杨金鼎主编《古文观止全译·代李敬业讨武曌檄》,安徽教育出版社1984年版。

第五章 历史思维

力和利益,他们谈论的政治观点和原则,不过是旨在"使自私的野心和卑鄙的动机合理化"的手段,是为了掩盖他们的政治野心,使他们对权力的追求具有高尚的意义。在这种"史学语境"中,政治思想资料就等于是宣传品,对于解释政治人物的活动,对于理解当时的政治变动没有多少价值。

但是,纳尔米的研究范式受到了质疑。有的学者认为,人们在说出自己的政治观点和信念时,有时确实表达了自己真实的内心世界;政治思想并不仅仅是一套虚假的言辞,并不仅仅是使权力欲合理化的手段,而包含了政治行动的真实理由和动机。

英国历史学家迪金森本人则提出,既要研究政治思想,也要研究政治和社会现实,这样才能很好地理解政治行动,因为政治行为人既行动也思考。在这种研究范式中,政治人物的思想言论就成了有助于了解真实想法的史料。

至此,关于英国政治思想研究的范式的转变已有所了解,并且明白了不同史学语境下的史料解读是不同的,但这还不足以保证能对材料做出准确的理解,尚须梳理关于17、18世纪英国政治思想研究的基本状况,熟悉其中主要的观点和解释。只有参照已有的研究,才能准确把握具体材料的含义。

阅读上述材料,谈谈史料解读受哪些因素的影响,如何能够保证最大程度上正确解读史料?

史海蠡测
SHIHAI LICE

第六章

历史需要理解

导读：自然需要说明（explanation），历史则必须理解（understanding）。

——狄尔泰

第一节　为什么能理解

本章要点：历史的过去性、历史是人类精神活动的产物

关于历史为什么能理解，这需要回到历史的本质问题上。在第一章时我们已经探讨了，历史可以分为历史Ⅰ和历史Ⅱ。历史Ⅰ是过去客观发生的事，包括人类的活动痕迹、植物的生长过程、动物的演进历程等。历史Ⅱ是指历史学家对客观存在的历史进行理解、解释。但植物、动物的历史是自然发展的过程，就不存在理解或者解释的价值，因此只有建立在大量史料基础之上的人类活动的痕迹才具有理解和解释的价值。因此能够满足本书对历史定义的便只有人类的历史。可以明确，能够被理解的历史是人类的历史。

自然科学与社会科学的重要区别在于，自然科学研究的是自然界一切物体的自然属性，当然人的生物属性也属于自然科学研究的对象，这些是可以通过不断的科学实验得出结论。而社会科学研究的则是人类的社会

属性。

更进一步来说,这里的人要区分理性的人与感性的人。人为了满足自己的需求,从而进行劳作生产,在劳动的过程创造历史。奥地利心理学家弗洛伊德对人的精神结构划分为三个层次:本我、自我、超我。本我是处于无意识状态,所做的事也为满足自身的原始欲望;自我则是处于有意识状态;超我则是处于道德状态下的思维,就是我们所说的理性指导下的人。由此我们可以换言之,创造历史的人是处于本我或者自我状态下的活动。历史是由活动中的人创造的,同时人也成为历史的对象。所以社会科学的研究不仅仅是研究人的社会关系,构建人类活动的联系,更能够需要探索人类的精神层面,从中借鉴历史价值,把握历史演进的规律。人类精神层面研究并非明确的科学实验,它是不可触摸的,需要借助人类活动的产物,如各种制度、宗教、艺术等能够折射人类精神活动的实物。

当然人类精神层面是不能通过仪器进行试验,因此要研究人类的精神层面,必须要借助理解。研究者固然可以借助人类精神活动的产物,但直接、简单或者一股脑投入前人所遗留的制度、宗教思想、艺术品,只能达到了解的层面,而社会学科讲究的是了解—理解—见解。因此想要更好地见解人类历史的价值只有建立在理解的基础之上。正如在狄尔泰看来,理解是人文社会科学方法的一个基本方面,"我们把这种我们由外在感官所给予的符号而去认识内在思想的过程称之为理解。"随着历史和环境的变迁,人类的精神活动也是层出不穷。以人类道德的变迁为例,有着丰富历史见识的人会明白人类道德是随着时空的变化不断调整以适应发展的需要。如在原始时期,在缺乏固定粮食的时候,狩猎是维持生存的必要方式,所以人们必须时刻准备追击、格斗、杀戮。一旦捕捉到猎物必定要吃下超过人类的胃所能容纳极限的食物,因为谁也不能保证下一顿还能捕捉到猎物。残酷的生存环境激发男子在其短暂生命中尽可能多的拥有女子繁衍后代。可见在原始阶段,好斗、勇猛、贪婪、好色是男子的优势。随着农耕文明的到来,固定的粮食收入不需男子到处奔波,节俭变得无比重要,贪婪、好色这些旧道德被视为罪恶,勤劳比好斗、勇猛更加重要,一夫一妻制带来稳定

史海蠡测

的家庭式生活,对彼此的忠贞成为新的道德要求。工业文明的到来,赋予人类更多的就业机会,一旦经济获得独立,权威便会受到冲击,从始而终的婚姻观念受到冲击,父权母权受到挑战,旧的道德规范受到冲击,新的道德需求在发展。当然一旦遇到战争,好斗、勇猛的旧德道需求会被再次强调。所以理解者不能将自己置身历史长河之中,切身实际对历史理解,所体验到的历史便不能全面,也不能真正体现历史的价值。

历史理解的实质是历史学家和前人的对话。当然这不是面对面的交流,而是通过媒介,这些媒介便是前人所创造的实物,即我们一直所提及的史料。在史料的基础之上我们能够了解前人所生活时代的政治经济文化背景,能够了解前人所思所想,再现历史的形象。因此历史理解是连接过去和现在,连接古人和今人的重要途径,而人类活动的社会属性以及留下的史料成为历史理解的桥梁纽带。

值得一提的是,面临当今飞速发展的社会,历史还能总结出一条适用于当今社会发展的规律吗?还能为我们预测未来防范未来提供经验吗?法国诗人查尔斯·贝驹(1873—1914年)曾经提及过:"自耶稣基督以来世界的变化,都没有最近30年的变化快。"①就物理学科来说,我们目前所学习的知识超过过去千年的历史记载,而且目前物理学研究日新月异,几乎每月甚至每天都有新变化。再如,考古挖掘的推进、跨学科技术的运用,当前史学家对夏商周的认识可能比孔子了解的夏商周还要详备。《资治通鉴》里的历史经验还能为我们当今所面临的问题提供借鉴经验吗?显然不太现实。那么我们为什么还要提出通过史料与过去历史相连接、与历史人物对话。这里便要追问历史理解究竟有什么作用?近来我在网上阅读到一篇文章《认知升级:为什么你应该读历史》其中有一段这样写道:"历史学家熟知历史,所以知道一切都有可能发生,无法直视的黑暗、意料之外的光明。不过,知道这些只能使我们更好地解释现实,并不能使我们更好地预测未来。未来没有什么会必然发生,因为不知道哪只蝴蝶会怎样扇动翅

---

① [美]威尔·杜兰特著,倪玉平等译:《历史的教训》,中国方正出版社2017年版。

膀。熟知历史,使我们知道人这种动物能干得出什么事来,使我们对未来更有想象力。普通人要么不够了解历史,要么遗忘了历史,于是失去了对未来的想象力。"[①]人类的行为推动历史发展,基于历史感(即历史理解),我们才能更好地掌握人类在过去所采用过的方法,从因果关系中理解现在,方便我们更好想象未来人类可能发生的事情以及人类可能会采取的行动。那么历史是如何理解现实、想象未来,我们来举一个例子,在选择轿车品牌时我会更加偏向选择奔驰品牌,我并不掌握其内部结构或者发动机的动力,但我可以说我了解这个品牌,我喜欢卡尔·本茨这个人,我了解历史长河中奔驰这个品牌的发展,所以我们理解现在奔驰车这个品牌畅销世界的原因,理解嵌入我的现实生活中,所以在我的选择中自然偏向奔驰品牌。再如狗与猪在人类生活中扮演的角色不同,提到狗我们能够自然想到忠诚、人类的好朋友,而对于猪则是懒惰、人类的粮食。这是由于在人类的狩猎阶段,狗便是人类的帮手。由于那时的食物极度短缺,狗的食物来源于与主人的合作而得到的奖励,所以要生存与得到食物的前提是建立在对主人忠臣的基础之上。而猪确是在人类粮食有余之时豢养,猪的食物来源于不需要付出劳动而直接获得,所以在猪的意识里不需要劳动既可以得到粮食。可见,只有理解历史,才能更好地理解现在,才能更好地生存。

课后延伸:

　　历史解释是使过去的人和事变成可以理解的知识的过程。德国哲学家恩斯特卡西勒说:"我们所有的历史知识包含着很大的不确定性。人们用以表达其观念、感觉、情绪、愿望、思想和信念的符号在短时间以后就变得难以理解。历史就是要符号这些符号,使它们恢复为一种新的生命,使它们再次变成易读和可以理解的。历史解释的基本任务,是将零散而混乱的过去信息变成有条理、有意义的历史知识。"

---

　　① 引自网络文章 https://baijiahao.baidu.com/s?id=15935282607924411148wfr=spider&for=pc。

史海蠡测

建构历史解释需要运用理论和公理。但是，历史事实纷繁复杂，不易纳入某种理论框架或解释模式；公理和理论的作用主要是为寻找解释的切入点提供引导，或者作为论述的辅助工具，而不能支配、更不能代替历史解释。形成一种历史解释是一种复杂的心智活动，需要材料、知识、智慧和灵感，有时甚至还要借助于运气：碰巧发现的某种资料，偶然产生的一点联想，都有可能引导解释的思路，改变最后的解释的结果。

阅读材料，寻找历史理解与历史解释之间的联系，并比较它们的差异，谈谈你对此的理解。

第二节　如何去理解

本课要点：历史主体间性的相互理解、历史在社会实践中理解

当下人的世界观、价值观与历史产生的鸿沟就需要在史实的基础上对历史叙述、理解以及历史人物、时间、历史意义等层面进行理解。历史理解的主动权不是由理解者所决定的，是处于本同境遇之中的理解者和历史对象的相互作用所决定的。[①]由此可见，历史理解不是单一的主体，历史对象或者历史事实也是历史理解的主体之一。并且理解者由于时空观念不同、经验不同对同一个历史对象可能存在不同的解释。如对于山崩地裂、江河泛滥、干旱少雨、雾霾等反常的自然现象，对于今天的我们都能够用科学的方法加以解释，但是古代人则将此看作是"天人感应"，天象的吉凶都是"上天"的暗示。一旦出现异常天象，统治者便要及时反思自我，调整政策，甚至颁布罪己诏以畏"上天"。还有比如同是当代人对太平天国运动和辛亥革命的评价、对李鸿章、曾国藩的认识等，史学界也是众说纷纭。可见历史理解需要考虑多个主体之间的相互协调。如何来达到这一协调，实现历史理解的有效性呢？这就是我们本节要探究的重点。

---

① 参见杨金华《走向主体间性的理解》，第1页。

第六章 历史需要理解

"盲人摸象"其蕴含的深刻哲理并非仅仅"大局观"如此简单。每个盲人所得出的结论定是来自于自身的生活经历经验。如其中说如"葫芦根"、如"箕"、如"石"者必定是建立在已有的认知之上。历史理解亦如此。世界上没有相同的两片树叶，同样也没有相同经历、经验、认知的两个人，从众多理解者认知统一角度出发达成历史理解普遍性是天方夜谭。自然科学领域存在不同的理解，其可以通过科学的实验最终得出唯一的公式，而人文科学有别于自然科学，尤其是历史，无法通过实验得到一致的认识，那如何建立一套科学的机制使历史主体间理解达到普遍有效性，必须通过各主体间相互了解、主体间角色转化。

盲人摸象

就同一史料即同一历史对象的情况下，理解者主体间需要相互倾听、包容、理解。要达到这一层次，首先需要克服自身所带的固有认知，或者说对其他人、团体、社会的偏见。克服的程度越高，自己所带的客观性就越强。即使做不到全面的抛弃原观点，也需要将次要的、比重占少的克服，弱化其中影响最大的认知。其次是理解者与理解者之间的对话。对话的前提是"倾听"，倾听对方对这历史对象或这段史料的理解、解释。倾听之后必须向对方"发问"，通过发问找到对方思考的角度、思维以及对其理解中的存在的疑问、争论。紧接着向对方"诉说"，提出你的见解，共同探讨。理解者通过这样的一个过程，尽管不能彻底地摆脱自己固有的认知结构，但

史海蠡测
SHIHAI LICE

有助于其在交流中注入新的思考视角，有助于其反思、批判，从而达到改变自己的历史视野范畴。

对于理解者与历史对象两者主体地位是如何达到有效历史理解，这又是我们思考的一个维度。理解者具有主观能动性，能够对发生在过去的事进行历史重演、过程体验。在理解者对历史对象进行历史重演、情感移位、情景想象这一过程中，无疑完成了理解者与历史对象主体间的相互转化。历史是过去人们的活动，历史对象是过去的，然理解者是当代、现实中的人。理解者将自身置身于过去的历史情境中，在过去的情景中领悟过去历史价值观，有效做到理解者当代价值观与历史对象过去价值观相结合。但值得注意的是，理解者在情景体验中需要保持当事人的立场与研究者的身份之间的平衡。在历史情景体验的过程中，理解者可能会不自觉地接受历史当事者的立场，或者认同历史研究对象，如法国历史学家朱尔·米舍莱在研究法国革命史的过程中，将自己置身于大革命的情景中，将自己想象成革命者，以革命者的是非为是非。还有美国一些研究妇女史的研究者，出于对女性在历史遭遇的同情，将自己完全站在妇女的立场上来看待问题，构筑了一整性别对立的史观。这种理解者情景体验来理解历史无非是有失公正的，领悟历史情景并不等同于完全同意。

知识链接：

"了解之同情"是当代历史理解的方法之一。陈寅恪是中国现代学术史上对"了解之同情"做出系统阐述的重要史学家，他认为："凡著中国古代哲学史者，其对于古人之学说，应具了解之同情，方可下笔。盖古人著书立说，皆有所为而发。故其所处之环境，所受之背景，非完全明了，则其学说不易评论，而古代哲学家去今数千年，其时代之真相，极难推知。吾人今日可依据之材料，仅为当时所遗存最小之一部，欲借此残余断片，以窥测其全部结构，必须备艺术家欣赏古代绘画雕刻之眼光与精神，然后古人立说之用意与对象，始可以真了解。所谓真了解者，必神游冥想，与立说之古人，处于同一境界，而对于其持论所以不得不如是之苦心孤诣，表一种之同情，始能批评其学说之是非得失,而无隔阂肤廓之论。"

> **学思结合:**
>
> 陈寅恪侨寓香港,值太平洋之战,扶疾入国,归正首丘……回忆前在绝岛,苍黄逃死之际,取一巾箱坊本《建炎以来系年要录》,抱持诵读。其忏京围困屈降诸卷,所述人事利害之回环,国论是非之纷错,殆极世态诡变之至奇。然其中颇复有不甚可解者,乃取当日身历目睹之事,以相印证,则忽豁然心通意会。平生读史凡四十年,从无似此亲切有味之块感,而死亡饥饿之苦,遂亦置诸度量之外矣。……昔日家藏殿本及学校所藏之本虽远胜于此本之讹脱,然当时读此书犹是太平之世,故不及今日读此之亲切有味也。
>
> 陈寅恪的"真"理解,能否转换成你我的"真"理解?

如何才能达到不同理解者主体间性的相互理解,如何实现理解者与历史对象的相互转化,最终实现于社会实践。理解者从自身认知出发,并认为自己的理解与其他人的是相同的,更甚者认为自己的理解是凌驾于他人。如何将这种近乎"独白"的历史理解转化为"对话"?在社会实践中,理解者需要接受他人的观点,将自己的角色从理解主体转化为活动的观察者,通过与他人的交流,从对方的角度去思考、认识,达到不同理解者之间相互理解、彼此承认、尊重他人的主体地位。在社会实践中,理解者更容易将自己置身于情景中,发现自身理解的不足之处,进而补充在实践中所领悟的新认知,形成对历史理解的更高层次。

知识链接:

我多次读过或叙述、描绘过战争,可在我亲身经历可怕而令人厌恶的战争之前,我又是否真正懂得"战争"一词的全部含义呢?军队被包围,国家遭惨败,究竟意味着什么呢?在我亲身感受到1918年夏秋胜利的喜悦之前,我是否真正理解"胜利"这美丽的词所包含的全部意义呢?

——布洛赫《历史学家的技艺》

史海蠡测
SHIHAI LICE

课后延伸：

意义究竟是事实本身所固有的，还是史家从外部注入的？如果意义本来就包含在事实当中，何以不同的史家对同一事实的意义会有不同的说法？如果意义是史家所强加的，那是否意味着历史解释基本上是主观的产物？这个问题令人想起了关于艺术美属性的讨论。一件艺术品要产生美感，需要通过观赏者和艺术品之间的互动来完成，这种互动就构成了审美行为。基于类似的道理，历史的意义是史家的认识能力和史实相互作用的产物，是史实投射在史家的知识和思想世界中的影像。从这个意义上说，史家对事实意义的阐释，并不是简单地"把一种意义关系从另一个世界转换到我们自己的世界"，而是站在一定的立场，依据一定的见识，借助适当的知识、理论和方法，去"发现"和"转述"事实的意义。

阅读上述材料：概括上述材料认为事实的意义是怎样产生的。谈谈你怎么看待事实意义的产生。

第七章

历史解释

导读:历史解释以史料为依据,以历史理解为基础,对历史事物进行理性分析和客观评价评判,同时也是解释者历史观、价值观和世界观的体现。深入理解历史解释的本质,能够理解历史叙述与历史解释的关系,能够区分历史叙述中的事实与解释,能运用历史解释寻找最普世的价值导向、方法论,能够以全面、客观、辩证、发展的眼光加以看待和评判现实生活中的问题。

第一节 历史解释的本质

本课要点:历史叙述、文本、虚构与想象、解释弹性

历史是过去发生的事情,历史理解则是今人从历史的角度客观、实事求是地看待和理解过去的事物。对历史事件的发生、进程、结果及性质、影响等,对历史人物的言行、贡献、历史地位等,对历史现象出现、状态、波及、后果等认识,都需要将其放在历史的条件下进行具体的考察,因此历史理解需要尽力正确、客观、辩证。历史解释则是依据客观史料,对过去的阐释和判断,换言之为历史叙述。历史解释包含叙述者对史事的描述与整理组合,其中很大的成分需要叙述者的主观能动性,以司马迁《史记》中的"鸿门

史海蠡测
SHIHAI LICE

宴"为例,司马迁作为后人,并未在现场,然关于鸿门宴的种种情节描述,历历在目,如其本人就在现场。由此可见历史叙述带有主观虚构。当代著名历史哲学家海登·怀特曾下过这样的论断"历史叙述的本质就是虚构",尽管这样的论断遭到众多历史学家的反对,但历史已成为过去,它只能通过历史学家的理解,再以叙事的表现形式再次呈现在人们的眼前。而叙事离不开虚构、想象。

为此则有人会提出疑问,既然叙事离不开虚构与想象,那么历史解释与文学创作有何区别?一般来说文学创作则可以随意想象虚构,而历史解释需要获得一定史料的支持,在历史叙事中添加虚构成分主要是为增加历史色彩,起到一种引人入胜的效果。以1688年英国光荣革命为例,历史叙述者对这件事情的描述回事:"詹姆士二世逃亡法国,议会邀请詹姆士二世的女婿、信奉新教的荷兰执政威廉三世来英国,并成为英国国王。"而文学创作则会这样描述:詹姆士二世向议会承诺:"我保证今后不再踏上英吉利海峡,就让我老死在法兰西吧。"于是议会谈论之后发出声明:"我们也保证不像对待你的父亲一样对待你,我们要邀请你的女婿,那个善良的、开明的威廉来当我们的国王。"为此对于历史叙述者来说需要具备一定的想象虚构能力,佢一定要能够控制自己的虚构程度,做到与史料相结合,避免过犹不及。

诚如上述历史解释需要获得史实的支持,文学创作则可以任意想象创造,大多数人都会认同这个观点。但进一步思考,文学创作中难道真的不存在真实性吗?事实当然没有那么简单,如我们耳熟能详的《水浒传》中"鲁智深醉打山门"的故事属于虚构想象,但元明时期曾有出现犯罪之人借僧牒作逃罪的史实。元稹的《莺莺传》里张生与崔莺莺的爱情故事是虚构的,但背后所呈现的社会门第和观念变化确实为唐代中叶后的社会现象。陈寅恪借助《莺莺传》以诗证史,其用的便是文学创作背后隐藏的真史事。还有关汉卿的《感天动地窦娥冤》以及明代小说《玉堂春落难逢夫》,其中的故事均为文学虚构,但却以元、明时期巡按、监察御史等真史事为创作背景。由此可见,看似虚构的文学创作并非完全空穴来风。借助文学创作的虚构性来想象历史真相也是历史研究的一种途径。然文学创作中的虚构与真史事总是难舍难分,情况相当复杂,真假难辨,因此在区分时需要谨慎小心,抽丝剥茧。

知识链接：

　　计量史学的"反事实"研究也要运用虚构与想象。"反事实"研究即研究对象为非史实,常见于经济史范畴,代表人物有美国经济学家罗伯特·福格尔。福格尔采用"反事实"研究虚拟19世纪美国在没有铁路运输条件下的经济发展状况,以及想象没有南北战争而能一直维持到1890年的美国奴隶制种植园的情况。郭沫若在其《甲申三百年祭》中为阐述明末农民起义失败的历史教训而列出的一系列假设追问："假使初进北京时,自成听了李岩的话,使士兵不要懈怠而败了军纪,对于吴三桂等及早采取牢笼政策,清人断不至于那样快的便入关。又假使李岩收复河南之议得到实现,以李岩的深得人心,必能独当一面,把农民解放的战斗转化而为种族之间的战争。假使形成那样的局势,清兵在第二年决不会轻易冒险去攻潼关,而潼关失守之后也决不敢那样劳师穷追,使自成陷于绝地。假设免掉这些失误,在种族方面岂不就可以免掉了二百六十年清朝所宰治的命运了吗?就这样个人的悲剧扩大而成了种族的悲剧,这意义不能说是不够深刻的。"这些都是属于"反事实"研究。

郭沫若和他的《甲申三百年祭》

史海蠡测
SHIHAI LICE

史学争鸣：

20世纪70年代后现代主义思潮史学领域开始转向研究历史学的文本性特征，其中提出的"解构论"引起史学界的大争论。"解构论"认为历史学家无法直接面对过去，而总是通过各种史料来触及过去，史家所利用的史料，除了各种各样的文字记载之外，也包含了宫室器皿、考古发现等其他形态的史料，后者也可以被纳入广义的文本之列。历史研究依赖于、并不断生产各种文本。历史学研究的终极产品——历史学文本及其中所包含的历史解释，这并不是对于过去的忠实再现，而是与文学家工作的产物一样，同为文学制品。历史学文本在其产生过程中，除了受制于历史学的家法与技艺之外，其虚构、创作、想象的因素与文学并无二致。

历史解释除存在虚构想象之外，不同的历史叙述者对于同一件历史事件、历史人物也可以有不同版本的解释，由此可见历史解释存在一定的"弹性"[①]。叙述者根据自己主观性对叙述结构采用不同的排列顺序，进而对历史事件做出不同主题的解释，如关于明代"胡惟庸案"的历史解释。

有一种解释为，明太祖为巩固自己的皇权，加强中央集权，削弱相权与地方势力，固大肆杀戮功臣，其中有洪武十三年丞相胡惟庸案、洪武十八年户部侍郎郭恒浙西秋粮案、洪武二十六年蓝玉案等等，这些措施加强皇权与中央权力，同时也整顿吏治，缓和社会矛盾；另一种历史解释则从明太祖的心理、性格为出发点，解释其一切行为，如张宏杰的《大明王朝的七张面孔》。朱元璋出生于贫农家庭，猜忌心非常重，一旦大权在握，事必躬亲，唯恐大权旁落。洪武十三年，朱元璋以"擅权植党"罪处死了胡惟庸。洪武二十六年指挥锦衣卫出面诬告蓝玉谋反，之后更是将一众开国功臣一网打尽。

---

① 张耕华：《历史的"硬性"与解释的"弹性"》，《史学理论研究》2007年第4期。

第七章　历史解释

《大明王朝的七张面孔》

综上，历史解释包含了虚构与想象，也存在一定弹性，是叙述者历史观、价值观和世界观的体现。区分历史解释中的史实与虚构，辩证看待对同一历史事物的不同解释，并能够对历史解释加以自己的评析与价值判断，从而形成自己的史学认识，这是当前历史学科核心素养的基本要求。

史海蠡测
SHIHAI LICE

课后延伸：

关于历史解释，卡尔·古斯塔夫·亨佩尔提出"因果性解释"，威廉·德雷则提出合理性解释。唐纳德·戴维森则综合两者，试图在形而上学的层面解决身心二元论，认为所有心理事件都与物理事件有因果关系，一切事件都是物理的；并为此提出"三脚架构"的隐喻来说明历史解释的整体论。

```
          自我
         ／  ＼
        ／    ＼因果性
  合理性／      ＼
      ／        ＼
    他者——因果性——世界
```

在上述的三角架构中，有着两类关系：一是人与人之间的交往关系，构成了合理性解释；另一个是交往着的人们与世界的共同因果关系，构成了因果性解释。

查阅唐纳德·戴维森的《行动、理由和原因》《心理事件》《理性动物》，尝试用"三角架构"来解释解释历史事件。

第二节 历史解释与历史事实

课前提示： 历史事件、历史事实、历史事件

海登·怀特提出事件（event）与事实（fact）之分。他提出"事件"发生在过去，是既定的并非历史学家能够构建出来的。如彼得·盖伊举的例子：过去之林中的树木只以一种方式倒下，无论有关他的倒下的报道会有多么零碎片断或者如何彼此抵牾，无论在它倒下之后是否有历史学家、只有一个历史学家或者是若干个争执不休的历史学家对此进行了记录并且展开辩驳，但对于此树木的存在论意义上的完整性是毫发无伤的。"事实"

第七章 历史解释

则是被历史学家在史料的基础之上构建出来的,如历史学家对事件或档案进行评论。以具体的例子来说,"1492年哥伦布发现美洲新大陆"这是历史事实。然而历史事实并不等同于历史真相,这句话的表述忽视了美洲大陆上的原住民,而这是历史事件。因此历史事实是以语言表述的形式出现在历史学之中,对于不同事物史家会有不同的认识,因语言表述也会有所不同,这也会使历史事实缺乏稳定性,需要不断的修正及解释。由此可见从历史事实的语言性来看,历史事实与历史解释密不可分。

除此之外,从历史事实的结构性角度来说,历史事实其实是由多个小事实组成的。暗度陈仓、井陉之战、垓下之围等这些都属于公元前206到公元前203这一期间的历史小事实,历史学家加入自己的主观解释,将这些小事实构成一个大的历史事实——楚汉之争。由此可见,从历史事实的结构性角度来看,历史解释将多个历史小事实构成一个统一主题、单一轮廓的历史大事实。

进一步来说历史解释与历史事实的关系,不难发现历史解释凌驾于历史事实之上。历史解释必定是历史学家以某种视角来解读历史事实,虽然在解读的过程中会受限于史料,但历史解释与历史过去并无直接的关联性。而且随着时代的发展,人们认识水平的不断提升,历史学家对于过去的历史研究又会有新的看法,因此历史文本上便会再次覆盖上新的历史解释。如耳熟能详的孟姜女哭长城。这个故事最初出现在《左传》中,杞梁妻哭夫是确有此事,主要为表达春秋时期齐国大夫杞梁战死沙场,其妻在丧夫的哀痛之下,面对齐王还能以礼处世,为历史事实。然到战国后期故事演变为杞梁妻哭出声音来。到唐代则演变为杞梁是死于修长城而非战死,女主角也有了孟姜这一名字,更是将时代牵引到秦始皇时期,男主角的名字也由杞梁到万喜良。类似这种现象比比皆是,按这样的思路,历史解释层累叠加成历史学,而历史事实与历史研究的距离越来越远,历史解释最终凌驾于历史事实之上。但从另一个层面来讲,历史事实与历史解释是可以相互转化的。如文艺复兴、工业革命、冷战等历史学专业术语,这些是历史解释还是历史事实呢?深入研究思考则会发现,这些专业名词似乎介于

史海蠡测
SHIHAI LICE

两者之间,界限非常模糊。如冷战,可以说是用铁幕演说、朝鲜战争、古巴导弹危机、北约、华约等历史小事实构成的一个同一主题的历史大事实。然而冷战又可以理解为两大对立阵营的意识形态、社会制度、军事力量之间的对抗,这又似乎涉及的是历史解释范畴。再者如工业革命,就我们现在观念中而言,它已经转变为一个事物概念,是历史事实。但阿诺德·汤因比则在他的《英国工业革命》一书中明确提出"工业革命"一词其实是当初为理解18世纪中后期至19世纪上半叶一段历史所提出的一个解释工具,属于历史解释。由此可以看出历史事实与历史解释随着时间的推移,使用的推广,历史解释与历史事实之间可以相互转换。

> **学思结合:**
>
> 在历史研究中,能够在已知的史料基础上,验证以往的解释或者提出新的解释是当代历史学科可信素养的要求之一。
>
> 根据以下关键材料(1)1960年约翰·肯尼迪(参议员)和理查·尼克松(副总统)的辩论中所涉及的古巴部分;(2)1961年理查·古德温的机密备忘录中,与古巴指挥官切·格瓦拉的谈话部分;(3)1995年杜布里宁(驻美大使)的回忆录
>
> 将以上事实组合在一起,以结构性角度来历史解释;并思考美国政府为什么要隐瞒史实。

以发展眼光来看,历史解释更是赋予历史事实新的意义。随着时代的发展,时代意识以及历史学家的认识发展,历史表述有着鲜明的时代特色。如文艺复兴时期,尼可罗·马基雅维利受罗马教皇委托编写《佛罗伦萨史》,他在书中结合当时的时代背景——资本主义萌芽,第一次用资产阶级政治家的眼光看待历史发展,并用发展的眼光注重历史发展的连续性以及因果关系,且他的《佛罗伦萨史》打破以往历史学家以排列史实的编年手法续写历史,因此收到罗马教皇120个金币的奖励,在西方史学史中具有超高地位。除此之外,最近网络上有一篇关于明朝大太监魏忠贤的翻案文章——《为什么说魏忠贤虽然坏,却撑起了半个明朝》。在以往的认识中魏

忠贤把控朝政,是导致明朝后期政治黑暗的罪魁祸首,这已然成为事实。然而这篇文章从逆向思维出发,提出为什么魏忠贤下台后,大明王朝还是走向灭亡?进而提出魏忠贤在位时其实是广征商税以支持辽东边境,尤其是支持袁崇焕,也正是由此保住大明王朝国内形势良好,辽东形势平稳。目前学界关于明朝灭亡原因也有了新的看法,有17世纪全球危机之说。[①]李伯重在比较17世纪英国、意大利、法国等国家也频繁出现民众起义,可见明朝频繁的农民起义可能不仅仅源于国内阶级矛盾,可能还与17世纪全球气候变化以及经济全球化导致。17世纪中国历史上进入第五个小冰河时期,冬季的平均气温要比往年低2摄氏度,严寒的气候带来干旱、蝗虫灾害、瘟疫,再加之腐败的官僚机构,最终造成原来的社会秩序崩溃。15世纪新航路开辟,中国逐渐加入世界贸易体系之中,随着南美洲白银开采,白银大量流入中国,造成中国通货膨胀,对中国的经济、社会、政治造成冲击。以上这三则案例都是属于在历史事实上的不断发展的历史解释,历史解释尽管可能使历史事实偏离其本来面貌,但历史因此而获得新的生命力是毋庸置疑的。

知识链接:

他们在穿着和日常生活上,比他们的先辈更自由,在其他方面花费更多,花费在休闲、游戏和女人上的时间和金钱更多,他们的主要目的是有更好的穿着,有更精明的谈吐,谁能以最精明的方式伤害他人,谁就是最能干的人。

——尼可罗·马基雅维利《佛罗伦萨史》

课后延伸:

后现代主义史学提出历史事实由内外三重层次结构,其中隐藏在最深层的是最初状态的历史事实,即历史原貌,中间一层为带有主观因素的历

[①] 李伯重:《不可能发生的事件?——全球视野中的明朝灭亡》,《历史教学》2017第3期。

史海蠡测
SHIHAI LICE

史事实,最外层是语言叙述的历史事实。海登·怀特说的历史事件其实指的是深层历史事实,历史事实则是表层历史事实。后现代主义史学其中的马克思新唯物主义史学提出:基于现实需要,深层历史事实可以转变为表层历史事实,途径便是历史解释。与后现代主义史学的历史虚无主义以虚构解释历史不同,新唯物主义史学提出以多维历史尺度理解历史事实,如结合经济历史尺度、政治历史尺度、观念历史尺度,构建历史事实自身;再者,历史解释的主体之一是人,即"现实的人",而"现实的人"是深深植根于现实的社会,及社会实践之中。

（图示：深层历史事实 — 中层历史解释 — 外层历史解释）

阅读马克思《1844年经济学哲学手稿》,深入了解马克思的新唯物主义史观对历史事实的解读。

第三节 历史解释与历史客观性

课前提示:历史解释、历史客观性、价值观

历史解释带有历史学家个人的主观色彩,其本身也包含了虚构与想象。且传统史学认为历史学通过考订史料,重建历史事实,来还原历史的本来面目。可见建立在史料基础之上的历史事实是具备客观性的。而上述文章中我们也论述了历史解释与历史事实之间的不可分离性,则历史解释是否会使历史事实偏离客观性呢?在西方史学的发展过程中,就曾出现过部分史学家受历史事实的客观性与历史解释的主观性影响,提出非常极端的史学研究方法,如相对主义史学,克罗齐的"一切历史都是当代史"、科

第七章 历史解释

林伍德的"一切历史都是思想史"都强调从主体的心灵或精神出发研究了解;抑或兰克学派过分强调历史学的客观性,认为史学的最高目的就在于如实地从文字上复原过去发生过的事,要求史家摒弃一切主观因素秉笔直书。其实历史事实所强调的客观性更多倾向于现实、生动的历史进程、辩证发展的认识过程。以下我们则用几个方面来论证历史解释并非偏离历史事实的客观性。

一般来说,自然科学是"客观性"最佳代表,自然科学的成果出自系统的、无个人偏见的实验结果,实验结果总是客观的、不受任何主观因素的影响,从中观察到的事实也都是可靠的,因此几乎无人怀疑自然科学的客观性。然而,深究其背后,自然科学客观性的判断还是值得推敲。自然科学的实验结果还是需要有人去解释。而人总是受到一定的背景理论之后再去解释这个实验结果。如在读量杯时,根据已有的知识体系会要求表述者平视液面的最低处(量汞时除外),尽管目前公认这样的方法得出来的结论最为科学,但是这样取读结果的同时也有可能忽视另一些什么。并且表述者能从科学实验中观察到什么也是由观察者所受的理论背景影响的,如 X 光底片,如果一个外行人看到此只能看到一团团模糊的影子,但在医生眼里却不一样,医生以其专业性判断这张 X 光底片反映出什么病理。最重要的是,表述者在表达实验结果的时候会用其不同的专业术语表述,如化学领域、物理领域、生物领域对实验结果表述都是有所不同的。由此可见于科学实验结果受表述者的知识背景影响,其实也不存在绝对的客观性。因此对于历史事实的客观性也不应该存在绝对性的论述。

历史解释带有主观性以及不可避免的虚构性,但也并不意味着历史解释就可以随性所欲。相对主义论证认为历史解释取决于历史学家个人的特质,深究其根本,这是夸大了历史学家的作用,忽视了史家的史学素养。其实历史学家解释历史是根据一定的理论框架来的。但理论框架会受到某些因素的影响,因此历史解释会随着理论框架的发展而变化,并非史家

史海蠡测
SHIHAI LICE

随心所欲。对此我们来分析对哪些因素对理论框架会产生影响。首当其冲的肯定是时代和社会背景。任何时代的理论框架都要受到时代认识的影响。一般来说，不同时代的认识水平以及学术氛围是不同的，史家的理论背景肯定有所不同，因此做出的历史解释也会有所不同。且社会是在不断进步，人们的认识也是在不断深化的，因此历史解释也会随着时代背景不断的改进。如上个世纪史学界普遍在"时势造英雄，英雄推动时势"这样的理论背景下指导研究，但现在随社会的进步，信息技术的进步，社会经济运动以及社会现象成为历史学家新的研究对象。历史解释随着时代进步在不断进步，但并不意味偏离历史事实。实质上新的历史解释是包容旧的解释，当前形成的理论背景是在批判继承了前人的研究成果的基础之上，能够在历史解释中保留最基本的东西，且随着认识的不断深化，能够超越前人的研究局限更加完整解释历史事件。因此19世纪的历史学家能够比18世纪的历史学家、20世纪的历史学家能够比19世纪的历史学家做出更好的解释。

  其次历史解释并非天马行空，无论历史解释如何随时代的发展而改进，历史解释的基石还是原始材料，即历史解释始终受实物和文献材料限制。以心理学测试常用的《酒杯与人脸》为例，以黑色为背景，可以解释为一支酒杯或烛台，以白色为背景，则可以解释为两个相对而视的侧面人像。有着不同理论框架的人对于此解释会有所不同，但无论如何不同都只会限于两者答案之间，解释者不会将其看成一张床。原因一目了然，在实际生活中存在与这幅图片非常相似的地方。历史解释可以从不同的角度以不同的理论框架来解释，却是要从原始材料出发，受其制约。再如历史学家不会用阶级斗争的方式来解释当今社会发展的矛盾，也不会用冷战思维来解释当今世界格局的发展。因为当前的社会发展与阶级斗争这一理论框架不相符合，世界格局与冷战思维这一理论框架也格格不入。

第七章　历史解释

《酒杯与人脸》

　　再者,当原始材料发生改变,历史解释也必当做出相应的改变。如关于秦朝设郡的数量,谭其骧对其考订的数量为46个,并在《中国历史地图集》对46个郡的方位加以标注,此基本为秦郡数量的定锤之音。但在2002年出土的湘西里耶秦简中,出现"洞庭郡"的文字记载。新出秦简打破了原有关于"湘西应该属于黔中郡管辖"的定论,历史学家们需要开始寻找新的解释。

知识链接：

　　关于猿人的年代确定,到20世纪50年代,人们还普遍认为在从猿到人的进化过程中,猿人生活的年代距今约五六十万年。但随着1960年、1972年、1975年陆续在东非的坦桑尼亚、肯尼亚等地发现猿人的化石,以及放射性同位素碳-14等科学技术的发展,猿人生活的年代被大大提前,其上限可达到359万~377万年之间。

　　上述从解释者的理论框架角度分析了历史解释并非随心所欲,而是受到一定限制从而保证历史解释的客观性。接下我们从对历史解释评价角度出发论述历史解释的客观性。如果对历史解释的评价不是任意的、主观的,那么也可以证明历史解释就不是主观任意。在此我们必须再次重申历史学的目的,解释、研究历史并不是为了消遣,而是具有更高的价值趋向,借希望于从历史中总结出普遍的、相对稳定的、带有规律性的东西,用于对

史海蠡测
SHIHAI LICE

当今的社会生产生活提供借鉴作用。因此历史解释必定要追求更高的价值。以二战爆发的原因为例，有人会解释为是希特勒的狂热民族主义导致战争的爆发。的确，我们没有肯定的证据来证明希特勒与二战的爆发没有关系，这样来解释战争的爆发当然是允许的。也有用当时的政治、经济、军事等综合因素来解释这次战争的。纵观整个战争史，用领导人的性格等偶然因素来解释战争的原因肯定是比较牵强的，显然后者的解释根据价值，其能够体现出对更多历史事件的说明能力，能够揭示出个别事件中的一般性因素。或者说对用政治、经济、军事来解释战争的评价更具有价值意义，则关于战争的解释是具备客观性的。可以看出，当历史解释具有普遍价值时其就具备客观性。

如果简单理解历史学的客观性为原封不动地复原所有过去发生过的事件的话，这种历史学可以说毫无意义可言。因为后人不可能根据部分材料如实地再现整个历史，所以我们对于历史解释的客观性的要求是历史解释对历史事实之间的因果关系以及历史发展过程的理解与历史演变的实际进程相一致。综上，随着时代和社会的进步及史家认识的深化，历史解释的理论框架不断发展，历史解释随之不断改进，对历史解释评价的普世价值要求也会不断提高，历史解释对历史演变的进程只会做出越来越好的解释，这也就意味着历史解释其实是对历史发展规律的揭示，符合历史解释的客观性要求。

课后延伸：

关于历史解释的方法，学者们企图用哲学逻辑的方法寻找一种解释模式。如德国逻辑学家卡尔·古斯塔夫·亨佩尔、奥地利哲学家卡尔·波普尔等，提出一个关于解释的模型：(1)似定律的全程陈述(解释项)——概率的、偶然的；(2)有关初始条件的特称陈述；(3)阐明具体史事的特称陈述(被解释项)。如美国大草原干燥地带的农民移居加利福尼亚，是因为持久的干旱和肆虐的风沙对他们的生存造成威胁，而加利福尼亚可能给他们提供更好的生活条件。这一解释基于这样一种普遍假设：人口总是向能够提供更好的生活条件的地区迁移。

但上述模式是建立在合乎逻辑事实上,那就可以逻辑的方法来解释它,即用一套陈述(包含一些普遍定律以及初始条件)来说明史事的必然发生。历史本身不合逻辑。人有自由意志并能自由行为,其行为不合逻辑,这又是该寻找何种解释模式呢?

请尝试解释1850—1900年欧洲、亚洲人口大量迁入美洲、明清时期中国人口大量闯关东、下南洋。并试图寻找此类历史事实的解释模式。

第八章
当下历史教学常见的教学理论和课程论

第一节 当下历史教学常见的教学理论

教学理论是指研究教学活动及其规律的学科,是教育学的分支,历史教学理论也是伴随心理学、教育学的发展而发展。

一、建构主义

《普通高中历史课程标准(实验)》提出:"普通高中历史课程的设计与实施有利于学生学习方式的转变,倡导学生主动学习,……有利于教师教学理念的更新,有利于教学方式的转变,……有利于历史教学评价的改进,形成以评价学生综合素质为目标的评价体系,全面实现历史教学评价的功能。"[①]诸多要求在传统历史教育教学中未曾提出,遑论付诸实现,而新课程改革将其纳入考量目标。当下往往吸收最新的教育学及心理学的成果,常以教育教学理论革故鼎新为契机,建构主义得以足够关注。国内外教育界对于建构主义的研究已经相当普遍,建构主义在世界范围内的影响力也彰显壮大。

---

① 《普通高中历史课程标准(实验)》,人民教育出版社 2013 年版,第 2 页。

第八章 当下历史教学常见的教学理论和课程论

1. 建构主义的发展及主张

建构主义(constructivism)亦译为结构主义。18世纪拿破仑时代的哲学家维柯,就曾将建构作为一种学习的哲学,他曾经指出人们只能清晰地理解他们自己建构的一切。维科被视为建构主义哲学道路上的先行者,缘于他首先强调了认识是以主体的主观现实性决定的,认识者自身的认知结构对认识起到了至关重要的作用。他认为认知者除了他们自己所建立起来的认识结构外就一无所知。只有上帝知道真正的世界,因为他知道是怎样以及用什么制造世界的。而我们所熟知的建构主义理论则是源于教育心理学领域的一场革命,即认知主义再发展。对建构主义有伟大影响之一的心理学家奥苏伯尔((D. P. AuSubel,1918—2008年)认为学习者在学习活动开展之前必须有积极的学习意向,并主动地将原有的认知结构和现有的学习材料转化为新的认知结构。[①]

众所周知,在20世纪的前半个时期,心理学的研究范式主要是行为主义的刺激——反应(即S—R)的研究范式。到20世纪中后期,人们逐渐认识到行为主义心理学存在诸多的弊端,针对行为主义存在的各种弊端,认知心理学强调认知主体内部的心理过程,突出主体在认识过程的重要性。建构主义和认知理论不可分割,认知心理学的诸多学派都已经涉及建构主义的基本观点。

皮亚杰(jeanpiaget,1896—1980年)和维果茨基(Lev Vygotsky,1896—1934年)也是建构主义大师中的巨擘,将建构主义的理论框架也逐步勾勒清晰,将心理学的建构主义称之为个体建构主义,综上所述有关建构主义的教学和学习理论,可以得出个体建构主义实际上涉及以下丰富的基本涵义。

[①] 莱斯利·P·斯特弗、杰里·盖尔著,高文等译:《教育中的建构主义》,华东师范大学出版社2002年版。

史海蠡测

维果茨基心理发展理论和皮亚杰知识结构理论的比较[①]

比较项目	维果茨基心理发展理论	皮亚杰知识结构理论
基本问题	通过某一特殊文化传递的知识工具是怎样的？	新知识是如何从各种文化中创造出来的？
语言的作用	语言是思维、文化传递和自我调节的基本机制。它能在本质上提高智力功能的水平。	有助于符号思维的发展；语言不能在实质上提高智力功能的水平（该水平是通过活动提高的）。
社会性互动	社会性互动提供了获得语言，改变文化观念的途径。	提供了测试与验证图式的途径。
有关学习者的观点	学习者应在社会情境中积极的相互作用。	学习者应积极操纵对象和观念。
对教学的启示	教学应提供支架，指导互动。	教学应设计打破平衡的经验。

从上表可知，心理学的发展至少已关注到：其一，关注意义的建构。知识并不能外在于学习者，主体对客观事物的理解在于学习者和事物的相互作用，知识的掌握在于学习者自身在建构的过程中意义的赋予。其二，学习者的差异。在意义的建构过程中，差异是不可避免的：学习者的建构主义所关注的是学习者的建构过程，学习者迥异的特征影响建构的过程，学习者对意义的建构的基础不同、方式各异，结果理当也体现学习者自身的特征，表现出不同学习者的差异。其三，情境。建构主义同样强调情境对学习者认识的作用，学习者对相同客体的意义建构，在不同的情境中将可能发生相应的变化。因此，学习者的意义建构过程中，情境也是永远不能忽视的影响因素。其四，理解。建构主义思想中另一个要素就是理解，客观主义的认识重在对知识的掌握，而建构主义则重在对知识的理解。不管是意义的生成还是认识过程的情景性以及认识结果的差异性，其根本的原因在于学习者的理解不同，重视学习者自身的理解和反思是建构主义的

---

① Eggen, P. &Kauehak, D., Educational Psychology, 1997. 59.

诉求。

2. 建构主义学习理论基本观点

视角	基 本 观 点
知识观	知识并不是对现实的准确表征,它只是一种解释、一种假设,它并不是问题的最终答案。教材的知识只是对各种现象较为可靠的假设,学生学习的过程就是自身知识不断更新、建构的过程。
学习观	这种学习观的特征可以概括为:积极的学习;建构性的学习;积累性的学习;目标指引的学习;诊断性学习;反思性学习等。"学习不是由教师向学生传递知识,而是由学生建构自己的知识;学习者不是被动的信息吸收者,而是主动建构信息的意义建构者;学习过程并不是简单的信息输入、存储和提取,而是新旧经验之间的双向的相互作用过程。"①
学生观	学习者是带着以往的经验走进教室的,因为有了以往的经验,即使他们还没有接触过某些问题,也可以基于相关的经验、知识和能力,形成对问题的某种解释。"所以,教学不能无视学生的这些经验,另起炉灶,从外部装进新知识,而是要把学生现有的知识经验作为新知识的生长点,引导学生从原有的知识经验中'生长'出新的知识经验"。②
教师观	"教师应是学生建构知识的忠实支持者。教师的作用从传统的向学生传递知识的权威角色转变为学生学习的辅导者,成为学生学习的高级合作者。"③信息加工建构主义更强调学生的内部建构要超越教师的教,教师提供给学生建构知识的积极帮助,引发和保持学生的学习动机。虽然建构主义强调的是以学生为中心,但教师的作用必不可少。
课堂观	建构主义认为在课堂教学中,学生是学习的主体。这就要求教学者要重视教学情景的创设,如让学生进行自主学习、协作学习、探究学习、体验学习等,力图达到做中学,学中做的境界;教师要发挥好主导作用,譬如,设计有效的教学策略帮助学生对知识进行有意义的建构,诱导和监控学习过程,设计测量知识、技能、表现、真实情境的评价等等。

---

① 温彭年、贾国英:《建构主义理论与教学改革——建构主义学习理论综述》,《教育理论与实践》2002 年第 5 期。

② 温彭年、贾国英:《建构主义理论与教学改革——建构主义学习理论综述》,《教育理论与实践》2002 年第 5 期。

③ 严云芬:《建构主义学习理论综述》,《当代教育论坛:宏观教育研究》2005 年第 8 期。

史海蠡测
SHIHAI LICE

续表

视 角	基 本 观 点
教学观	建构主义认为,教学不是知识的传递,而是知识的处理和转换。"建构主义把教学看成是一种培养学生主体性的创造活动。"①在学习过程中学生与教师是平等的,由于学生是学习的主体,所以要在教学活动中注重发挥学生的自觉性、主动性和创造性,不断提高学习者的主体意识和创造力,最终使学生成为能自我教育的社会主体。

建构主义与中学历史教学结合,这方面的研究成果斐然。祝卫华认为:"中学历史教学从教学环境的简单化、教学任务的低级化向教学环境的复杂化、教学任务的高级化转变。中学历史教学中学生的学习由被动的、机械的反应过程转变为自主的、探究的生成过程。中学历史教学中教学的组织形式从'个体学习'向'合作学习'转变。中学历史教学的评价内容、方法和功能从单一化向多元化转变。"②江如蓉提出:"在众多的学习理论中,建构主义理论正日益受到人们的重视,当前新课程改革的许多思想正是建构主义的体现.基于建构主义学习理论基础之上的中学历史教学正朝着学习环境复杂化、学习任务高级化,学习方式合作化。"③也有提高建构主义的运用对历史教师提出更高的要求,建构主义理论的实践对教师素质的要求,如王瑞红认为:"建构主义理论是目前最能激发学生的历史兴趣的一种教学理论,但在教学实践中,还需要教师有较强的教学能力和足够的知识储备。"④随机进入教学是建构主义学习理论三大教学模式(随机进入教学、支架式教学、抛锚式教学)之一,也有文章从教学实践的角度做些许的尝试与探索,以求有益于中学历史教学方式转变。程天宇提出:"建构主义学习理论指导下的随机进入教学强调学习的情境性,即教学应避免抽象地讲解概念如何应用,而是必须把概念具体应用到实例中,使概念与具体情

---

① 薛国凤、王亚辉:《当地西方建构主义教学理论评析》,《高等教育研究》2003 年第 1 期。
② 祝卫华:《建构主义与中学历史教学的转变》,《历史教学》2002 年第 2 期。
③ 江如蓉:《建构主义在历史教学中的运用》,《新课程研究(教师教育)(下旬)》2012 年第 9 期。
④ 王瑞红:《历史教学中建构主义理论的实践与反思》,《新课程研究(基础教育)》2009 年第 10 期。

境联系在一起,形成背景性经验!以实际教学为例,教师通过创设生活情境,引导学生创设学习任务,既起到抛锚式的作用又能激发学习热情,调动学习兴趣,进而达到随机进入教学的效果!"①许多的论述说明教师很关注建构主义与中学历史教学的结合,在教学模式、创设情境、学习方式等方面有许多探索。

二、目标分类学

1. 布卢姆(B. S. BLOOM,1913—1999年)目标分类学

1956年,布卢姆的认知教育目标分类学将教育目标分为知识、领会、运用、分析、综合、评价等六个类别。他将认知领域按照了解、理解、运用、分析、综合、评价六个层次排序,并依照生物学原理,低层次的目标被满足后才向高一级目标提升。在实践中,完成低层次的学习任务,所花费的时间和精力较少,越是往高层次目标走,学生花费的时间和精力就越多。

当然,也有学者质疑,认知性目标是否都存在这样的等级顺序,抑或认知过程其实只有归类的问题,而根本不存在一个绝对的等级顺序。也有学者指出,强调"高层次"或"低层次"的措辞本身已经成为一种误导。该分类先后被译成20多种语言版本得以在世界各国普及和推广,对教学测验和评价的发展产生了重大影响。我国于20世纪80年代引进布卢姆认知领域教育目标分类理论,此后教育理论和实际工作者不仅对之进行了许多科学研究工作,而且还将其运用到教学实践中。调查显示,截止到1996年,布卢姆目标分类学的影响基本上遍及整个中国。②

布卢姆认知教育目标分类理论之所以对我国的教学设计产生深入、广泛的影响,是因为它有助于教学目标的确定。引进布卢姆认知领域教育目标分类理论之初,我国还没有一种比较系统的教育目标分类理论,对教学

---

① 程天宇:《建构主义视域下的随机进入教学实践与思考——以高中历史教学为例》,《黄冈师范学院学报》2013年第1期。

② 张春莉、高民:《布卢姆认知领域教育目标分类学在中国十年的回顾与反思》,《华东师范大学学报·教育科学版》1996年第1期。

史海蠡测
SHIHAI LICE

目标的确定只能依照教学大纲。但是,教学大纲中对教学目标的表述非常笼统、含糊,无法给教师提供一个准确、有效的认识,造成教学的随意性和盲目性。布卢姆认知领域教育目标理论将教育目标分成知识、领会、运用、分析、综合、评价等六个类别,正好弥补了教学大纲的不足,使得教学目标明确化、具体化。布卢姆认知教育目标分类理论也有助于学习的测量和评价,使得测验的编制容易操作。分类理论的出现,也使得测验的形式多样化。相同的知识可以用不同的方式来考查学生不同的能力,这样的测验更有区分度,更符合测验的目的。更为重要的是,目标分类使测量与评价始终不偏离教学目标,成为检验教学是否达到教学目标的重要标志。

2005年以前的考核目标与层次要求的表述一直是记忆、理解、应用。这种表达还不明确、不够具体。从2005年开始归结为"获取和解读信息""调动和运用知识""描述和阐释事物""论证和探讨问题"四项,几乎完全改变了过去的呈现形式,表述更加具体,指向更加明确。文综考试实施以来,关于能力测试的考核目标与层次要求的表述一直是记忆、理解、应用。这种表述的本身也是吸取了目标分类学的研究成果。

2. 目标分类学的发展

目标分类学这种科学理性的教学工具不断完善,有赖于教育界对它的持续关注,也包括批评性和建设性方面的工作。半个世纪教育目标分类学一直是教学科学化的一个组成部分。美国中部地区教学实验室的高级学者马扎诺,他2001年发表《设计一个新的教育目标分类学》,在继承布卢姆教育目标分类学理论基础上,进行多方面创新,2007年出版《新教育目标分类学》。当马扎诺、安得森相继发表了自己的新版教育目标分类学时,教育目标分类学获得新生,今天的教育目标分类学在脑科学等新兴科学基础上对教学的指导意义前所未有。[1]

---

[1] 黎加厚:《新教育目标分类学概论》,上海教育出版社2010年版,第137~138页。

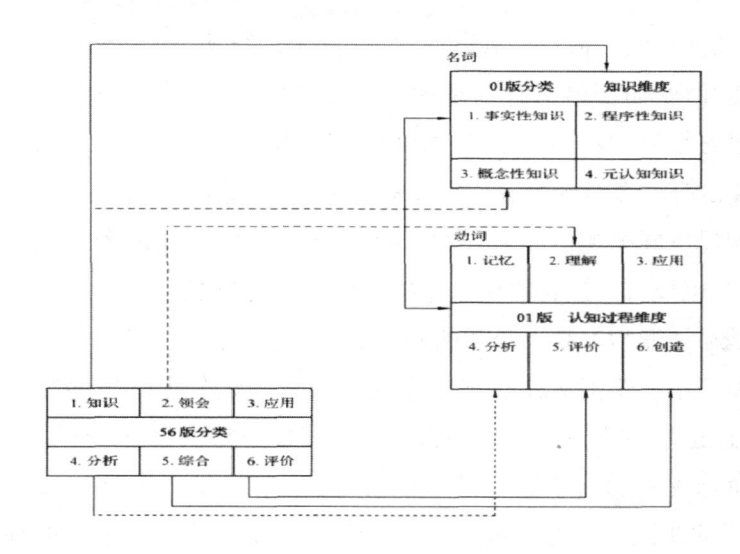

第八章 当下历史教学常见的教学理论和课程论

```
                    名词
              ┌─────────────┬─────────────┐
              │  01版分类   │  知识维度   │
              ├─────────────┼─────────────┤
              │ 1.事实性知识│ 2.程序性知识│
              ├─────────────┼─────────────┤
              │ 3.概念性知识│ 4.元认知知识│
              └─────────────┴─────────────┘

                    动词
              ┌─────────┬─────────┬─────────┐
              │ 1.记忆  │ 2.理解  │ 3.应用  │
              ├─────────┴─────────┴─────────┤
              │  01版    认知过程维度        │
              ├─────────┬─────────┬─────────┤
              │ 4.分析  │ 5.评价  │ 6.创造  │
              └─────────┴─────────┴─────────┘

    ┌─────────┬─────────┬─────────┐
    │ 1.知识  │ 2.领会  │ 3.应用  │
    ├─────────┴─────────┴─────────┤
    │        56版分类              │
    ├─────────┬─────────┬─────────┤
    │ 4.分析  │ 5.综合  │ 6.评价  │
    └─────────┴─────────┴─────────┘
```

1956 年版和 2001 年版目标分类的认知领域比较[①]

3. 发展性评价和认知加工学说

在认知心理学兴起之前,我们所能见到的知识概念是哲学的知识概念。直到 20 世纪 60 年代认知心理学兴起和发展以后,认知心理学框架下的知识概念便日益受到重视。皮亚杰认为:"知识是主体与环境或思维与客体相互交换而导致的知觉建构,知识不是客体的副本,也不是由主体决定的先验意识。"信息加工心理学兴起后,知识与信息被视为相同的概念。所谓知识,是个体通过与其环境相互作用后而获得的信息及其组织。贮存于个体内的是个体的知识,贮存于个体之外的即为人类的知识。

第二次世界大战后期,许多从事学习实验的心理学家帮助军事人员进行训练。在训练中,他们发现用单一的学习模式来指导一切教学,只会导致教学失败。这使心理学家认识到,必须对知识进行分类。于是,从 20 世纪 60 年代,国际上兴起知识分类的思想,对知识分类做出杰出贡献的首推加涅。加涅根据学生学习的结果,将学习分为言语信息、智慧技能、认知策

史海蠡测

略、动作技能、态度等五种不同的类型。其中的言语信息、智慧技能和认知策略就是知识,而言语信息则是传统意义的狭义知识。此外,加涅还阐述了五类学习结果的不同学习条件,强调教学就是要利用学生的内部条件和创造必要的外部条件以促进学习,从而有效地达到教学目标。但是,加涅却没有探讨不同类型的学习结果是如何在人们的头脑内表征、贮存、激活和提取的,也没有指出言语信息怎样可以转化为技能。

正是在加涅学习结果分类的基础上,当代认知心理学家进一步发展了知识分类理论。美国认知心理学家安德森将知识分为陈述性知识和程序性知识,这也是当今被普遍认可和用得比较多的知识分类。陈述性知识是一类以命题或命题网络表征的事实性知识,指的是个人具有的有关世界"是什么"的知识。当需要回答世界是什么时,必须经过有意识的提取才能达到。程序性知识则是关于进行某项操作活动的知识,即个人所具有的有关"怎么办"的知识。这样的知识以"如果……则……"形式的产生式来表征,当解决"怎么办"问题时通常是无意识自动提取的。程序性知识通常都是由陈述性知识经历变式练习后转化而来。安德森还进一步将程序性知识区分为狭义的程序性知识和策略性知识。狭义的程序性知识是通过练习习得,其操作能达到相对自动化的程度。很少或不需要受意识控制的程序性知识,又被称为智慧技能。智慧技能是解决外部世界"怎么办"的知识。策略性知识是受意识控制而难以达到自动化程度的程序性知识,其主要作用是调节认知活动的效率,又被称为认识策略。

由于不同类型的知识习得的内外条件不同,所以教师可以针对不同类型的知识来设计不同的教学策略,以提高课堂教学质量及学生的学习效率。知识分类理论便成为指导教学设计的重要理论基础。知识分类理论的发展与完善,对布卢姆教育目标分类理论产生了强有力的冲击。教学工作者逐渐发现,布卢姆认知教育目标分类理论很难指导教师的教学设计,而这源于它缺乏知识分类的思想。有学者认为,教师进行教学设计时,首先必须对所教的知识类型加以鉴别,确定他所教的知识的类型。每类知识的特点及其对教学设计的要求是不同的,只有弄清楚知识的类型,才能合理地计划教学过程。布卢姆认知教育目标分类中也有知识这一类别,而且还区分出知识的三个亚类。可是,布卢姆将这些知识全部定位于再认或回忆所学的内容这一学习水平。因此,所涉及的知识实际上是狭义的知识,即陈述性知识。也就是说,他实际上并没有真正对知识做出科学的分类。如果据此去设计教学,就有可能使所有的教学都停留在记忆的水平上,使学生缺乏解决实际问题的能力。可见,缺乏知识分类思想的教育目标分类理论,在指导教学设计时,无法指导教师根据知识的类型去设计合适的教学方法和教学活动。由此,当许多教师盲目地运用布卢姆教育目标分类理论的时候,有识之士则早在2000年便大声疾呼:超越布卢姆!

在美国,布卢姆认知教育目标分类理论的弊端也日益显现出来。心理学家意识到需要对布卢姆认知教育目标分类理论做必要的修订。在布卢姆去世之后,梅耶等著名的教育心理学家、安德森等课程与教学专家、克拉斯沃尔等测量评价专家,经过长期的酝酿,于2001年完成了对布卢姆教育目标分类理论的修订,《学习、教学和评价的分类学——布卢姆教育目标分类学的修订》一书正式出版。该书的出版标志着布卢姆教育目标分类学随着心理学理论的发展做出了新的改进。

历史知识包括:重要的历史事件、历史人物、历史现象,重要的历史概念,人类历史发展的基本线索;由内容所反映的历史思维方法:处理历史资料的方法以及分析和综合、比较、归纳和演绎等分析历史问题的方法,历史的学习和表述的方法,运用历史唯物主义的基本观点观察问题、分析问题的思维方法。[①]历史学科的事实性知识,指关于"是什么"的知识,具体是指重要的历史事件、历史人物、历史现象等均属于此类(相当于陈述性知识中的那些事实性内容)。概念性知识,指关于"为什么"的知识。这类知识是在认识历史事件、历史现象发生发展规律的过程中形成的,包括历史概念和历史原理等。其中,"历史概念"既包括对发生各种历史问题原因的解释,也包括对同一类历史问题本质特征的概括。方法性知识,指关于"怎么

[①] 课程教材研究所:《20世纪中国中小学课程标准·教学大纲汇编·历史卷》,人民教育出版社2001年版。

做"的知识。这类知识用于支配和调节学习、记忆和思考历史问题的过程，其核心是历史思维方法。① 方法性知识是历史知识的核心成分。综上所述，从知识分类看，历史教学的本质是：使学生学习和掌握事实性知识（历史事件、历史人物、历史现象和历史发展的基本线索等），理解概念性知识（重要的历史概念和历史原理等），学会方法性知识（主要是运用历史唯物史观观察和分析各种历史问题），并通过挖掘历史知识的价值观资源，渗透价值观教育，实现历史教学的育人功能。②

这种分类理论，赵蒙成认为有利于学生创新能力的培养。提出："传统观念认为历史知识主要是陈述性知识，这种观念已不适合知识社会对历史教学的需要了。我们必须承认，历史既包含陈述性知识，更包含程序性知识，尤其是非自动化的历史程序性知识、历史学科解决问题的方法步骤以及由此迁移而形成的一般性的历史方法。承认这一点，既是历史教学培养学生创新能力的需要，也是培养学生创新能力的主要途径。"③许多教师认为要减少学生的学业压力，运用认知心理学关于知识分类相关理论指导教学，优化教学行为和学习方式，破解历史备考中学生面临的困境，提高历史备考的效益。林少媚提出，备考过程中要根据知识分类特点指导学生采取适当的学习策略，对知识进行"精加工"，精加工是人们为了更好地理解和记住相关的知识。在学习过程中对所学东西做出有意义的添加、构建或者能按问题条件不断改变对问题的看法，重新组织自己的知识、经验，从而能超越学习条件，创造性地解决问题。"精加工"表现在具体学习方式上有复述策略、组织策略、变式训练。④

---

① 皮连生:《知识分类与目标导向教学》，华东师范大学出版社1998年版，第9页。
② 方美玲:《历史知识分类与历史教学本质——从"祖冲之和圆周率"的教学谈起》，《课程教材教法》2008年第7期。
③ 赵蒙成:《知识分类理论与历史教学中学生创新能力的培养》，《江西教育科研》2001年第3期。
④ 林少媚:《基于知识分类理论的历史教学策略》，《课程教学研究》2014年第11期。

课后延伸：

历史核心素养的出台对于教学目标的发展有了新的要求。首都师范大学历史系教授叶小兵提出新的教学目标发展应该从以下几个方面入手：1.从学生的实际情况出发。改变以往固定的知识点要求，从学生目前的认知水平入手，设定发展要求，培养学生的核心素养。2.确定五位一体的综合目标。从原有的知识、能力与方法、情感与价值观三维目标过渡到从时空观念、史料实证、历史解释、唯物史观、家国情怀五个核心素养出发。3.聚焦问题解决的水平程度。根据学业考试水平的要求为依据，更加侧重学生探究问题，分析解决问题的思维能力、行动能力。4.确定具有可检测性的目标。目标设置中更加偏向目标的可评价性，在学业、能力方面能够切实落实目标的推进。

教学目标：在概括秦朝巩固统一的措施、西汉解决王国问题及开疆拓土、尊崇儒术等重要史事的基础上，能够运用历史地图概述秦汉疆域的四至，说明秦汉时期中国疆域的演进；能够运用有关史料，从当时的情境和历史的角度论述秦汉时期大一统国家的建立和巩固的重要意义；探讨汉王朝解体的多方面原因，尝试总结历史的经验教训。

以上是《秦汉大一统国家的建立与巩固》的教学目标设置，请从五个历史核心素养入手分析教学目标的设置。

第二节 历史课程论述论

广义的教学论涉及普通教学论和学科教学论，论及历史学科的教学活动及其规律，内容宽泛，包括历史教学在整个教育活动中的地位和作用，历史教学的目的和任务，教学模式和策略，教学方法、手段和组织形式，教学评价等等。为使问题简单明了而又主题突出，我们以课前、课堂、评价三方面视角予以思考。

史海蠡测
SHIHAI LICE

一、历史教学的知识储备方面论述

一个合格的历史教师要具备多方面的知识储备,但是哪类知识在本质上起决定意义,也是众说纷纭的话题。换言之,一个教师很好地完成教学,他自身必须具备的知识有哪些?历史学本身的知识、教学的实践知识、现代教育技术知识,这些无疑是必需的。那么,这些知识对于历史教学的重要性亦有差异。当下学者对历史教学的价值层面和教学过程的环节论述颇多,而对要有效地完对历史教学却熟视无睹。

(一)围绕历史学本体性知识的重要性

赵亚夫教授认为,中学历史教育有自己的原则:一是自由精神,它关乎人性的教育;二是理性批判,它关乎国民性的改造;三是反省意识,它关乎人类文明及民族的演进认识;四是社会行动,它关乎国民社会态度的养成。[①] 因此历史有效教学的原动力绝对不在教育学、心理学,更不是教育学心理学教条,而是历史学,无论是教师教还是学生学。长期的经验也告诉我,凡是历史课上不好的教师,特别是现在不敢、不会在"知识与能力"这一层次上深化,致使过程成为作秀,成为各种教学理论与方法的试验场,致使情感成为口号,无所依凭。[②]历史教学不能回避的史学涉及史料、史实、史论,即能求真的视角运用史料,以求实的眼光杜绝伪知识和伪命题,运用历史唯物主义与辩证唯物主义分析问题和解决问题。教学的生动性、机智性、拓展性都可从历史里找到注脚,都成为"找史料、摆史实、讲道理"的过程。教学就可真正做到"用教材教"了,课文也就常教常新,教师也就认识到"教育科研是第一教育力"了。

提高主体性阅读任务没有迫切。其一,历史教科书多概念多结论,少史料的编撰方式,教师要深入完整理解本身也是积极备课的重要内容。教师只有通过历史阅读才能更多更好地了解教科书之外的历史史实。G·R

---

① 齐健、赵亚夫:《历史教育价值论》,高等教育出版社会2003年版。
② 该观点赵亚夫在多处均有论述,浙江王叶军在各地讲座亦有相似观点,我们很认同。

·埃尔顿(1921—1994年)在《历史的实践》中曾这样认为:"对于历史的真实性,先入为主的危害远大于证据不足或细节之谬误。……在他理解这些证据之前,他不问也不应该问具体的问题。"对于中国近代史,更有杨天石先生为证:"研究中国近现代史,必须从史实出发,而不能从原则出发。"其二,历史学科面广,需要教师多方面知识。我们了解其内容很不够的部分是文学艺术史,解决这个问题关键是要去阅读一些高中语文、美术、音乐的教材。目前的高中语文、美术新课程也是非常强调其价值性。如目前的高中美术新教材课文就以《战争与和平》《时代的脉搏》《礼仪的教化》《人间生活》《变幻的自然万象》命名,用很大的篇幅来介绍美术作品的时代背景、民族特色与普世价值。我们需要防止的是,不能再把历史课堂上成艺术课、语文课甚至是物理、化学实验课,如涉及《格尔尼卡》时津津乐道于其艺术特点却忽视政治背景与科学技术对美术创作的影响;在涉及《四海一家》时运用视频让学生跟唱却忽视了现代艺术的社会价值。如果这样,就本末倒置了。对于西方史,特别是西方古代史的不熟悉也是一个普遍的问题,阅读通史性质的历史著作,如汤因比先生的《历史研究》《世界文明史》、阿斯塔诺夫的《全球通史》是治本的措施,同时读一些研究性的文章和普及性的文章,研究性的文章分布于《世界历史》《视点》《史学理论研究》及《历史教学(高校版)》《历史教学问题》等杂志刊物上,普及性的文章分布于《读书》《书屋》《世界知识》等刊物上。读了相关的研究性或普及性的文章能使我们对专门著作的阅读质量得到大幅提升。说到底,阅读的最核心一步是对一些概念的深入理解,读了这些书籍之后,我们将会认识到了解西方史关键是要理解"庄园""封建""宗教""民族""国家""民主""自由""平等""自然主义""人本主义""理性主义"这些概念。其三,学生与教师的知识不对称迫使我们需要阅读。学生的历史知识构成本身就是多元的,如家庭的、同伴的、社会的、其他学科的,网络技术发展使这一点更加明显。而反观我们教师,由于读书的时候专业太窄太细,通识教育严重缺乏,知识更新也不容乐观,现有的知识结构状况是无法适应知识越来越多元化的学生。① 固然,教师可以以"引导者"自慰。但是,要使"引导"有效还是需要教师领先一步的。这一点要求特别符合我们中国社会教育落后、课程资源匮乏的现状,更切合学生对教师的信心越来越缺乏的今天。

(二)现代信息技术知识对历史教学的推动

对于现代信息技术在教育中运用滞缓的忧虑,早已有人提出。21世纪是信息化时代是不可否认的事实,当企业及经济实体在积极采取措施以转型到适应信息化社会系统发展需要的范式时,教育系统做出的反应已经落后了近20年。我们的教育延续着为适应工业化时代的历史需要而构建的范式,这种范式是否能满足信息化时代要求,也将拭目以待。社会对教育系统的耽于制度惯性,反应迟钝,致以微词,也是不争的事实。对历史教学而论,我们如何运用现代信息技术更是迫在眉睫的课题。

教育部在2001年下发的关于《基础教育课程改革纲要(实行)》的通知中,就明确指出:"大力推进信息技术在教学过程中的普遍运用,促进信息技术与学科课程的整合,逐步实现教学内容的呈现方式、学生的学习方式、教师的教学方式和师生互动方式的变革,充分发挥信息技术的优势,为学生的学习和发展提供丰富多彩的教育环境和有力的学习工具。"②

毋庸置疑,信息技术一旦能实现与学科课程的整合,就有可能在某种程度上改变学生的学习方式,学生能从被动的"填鸭式"学习,转变为主动的"探索式"学习;课堂上的学习氛围会因为信息技术的合理的普遍使用而发生变化,师生之间的互动将变得更为可行。

信息技术与历史学科整合在我国起步较晚。20世纪末,我国教育科研人员总结西方发达国家的教育信息化改革成功经验,认识到信息技术教育发展到一定阶段,传统学科门类的教学方法也必然会根据新时代发展的要求进行变革,传统的课程学科如果能和现代信息技术进行无缝的学科整

---

① 王叶军:《历史阅读与高中历史青年教师的专业成长》,绍兴培训会内容之一。
② 钟启泉、崔允漷、张华:《为了中华民族的复兴为了每位学生的发展》,华东师范大学出版社2001年版,第8页。

不配合教师的教学过程。① 教学媒体的变革,其意义也并非单纯以技术角度,也包含对教学方式、学习方式的变革和促进作用。从教师、学生和教学内容这三个要素增加了另一项教学媒体的变革,是现代化教学由传统的教学系统转换到现代教学的显著特征。

(三)教学理论与历史教学的有效结合

从来没有学者否认教学理论与历史教学有效结合的重要性,许多学者对此展开多方面的研究并取得成效。他们都涉及历史教师从事教育研究的必要性和教育研究的方法,建议阅读优秀历史教育教学论文选读和历史教育教学论文习作,提高中学历史教师自身专业化程度,必须要有较强的教学研究能力。早在20世纪90年代郭景扬、李梦芝就提出教学模式问题:"教学模式,是现代教学论发展中的一个新的研究课题。教学模式论,是20世纪70年代以来形成的教育学的一个新的研究领域。1972年,美国学者乔以斯和韦尔发表《教学模式》专著(中译本:《当代西方教学模式》,山西教育出版社1991年版),从上百个教学理论和研究计划中挑选出25种教学模式进行系统研究。"②叶小兵认为:"随着教学理论和实践的不断深入,教学模式的发展呈现出新的特点,从以教授为主的教学模式向以学习为主的教学模式发展,由单一化的教学模式转向多样化的教学模式,并突破一般化的教学模式而向着学科化教学模式发展。历史教学模式的研究与探索越来越受到关注,形成了一些中学历史教学模式的基本类型。各种历史教学模式都有着自身所特有的理念、程序、结构、方法和策略。历史教学模式的探索,促进了中学历史教学的改革与发展。"③

"现代教育理论认为,教师应该走出传统的樊篱,从单纯的知识传递者走向研究者。只有当教师的教学与研究交融在一起,教学才有更富理性的内涵。"④这些研究也推动高校教师对历史教学理论的关注,他们深入思考

---

① 钟启泉:《课程设计基础》,山东教育出版社1998年版,第76~99页。
② 郭景扬、李梦芝:《现代历史教学模式研究引论》,《历史教学》1996年第6期。
③ 叶小兵:《论中学历史教学模式》,《课程·教材·教法》2004年第7期。
④ 朱煜:《历史课程与教学论》,东北师范大学出版社2005年版。

在大学师范生历史教学理论的建设问题,认为师范学生有必要在这些方面有必要的训练。陈世英认为:"传统的高校'中学历史教学法'主要是向未来的教师们传授教学理论,对如何将理论运用于实践有所忽视。以下教学改革可供借鉴:让学生参与中学历史教学现状调查;精心设计历史教学法实践训练项目,如教学目标设计训练、教案设计训练、说课训练、教学观摩(见习)、试讲训练、课件制作训练、读书报告会、学术活动周、义务支教、三笔书法与普通话训练等。"[1]袁从秀认为要"通过阐述模块化课程"的设计背景、设计理念和内容,根据高师历史学专业的培养目标,构建历史教学理论、历史教学技能和历史教育教学研究三个模块,形成灵活多样、具有开放性和独立性的历史教学论的课程结构。[2]

(四)综合运用——以当下高中历史微课设计的定位、技术路线与策略

1. 存在问题

2011年,佛山市教育局胡铁生提出"微课"概念,"微课"是指按照新课程标准及教学实践要求,以教学视频为载体,展示教师在课堂教学过程中针对某个知识点或教学环节而开展教与学活动的各种教学资源有机组合。黎加厚教授对微课定义为:"微课是指时间在10分钟以内,有明确的教学目标,内容短小,集中说明一个问题的小课程。"[3]微课虽传入国内不久,但随课程改革推进,对其研究越加重视,微课运用于高中历史教学也成为常态。但历史微课的使用和设计上,笔者认为或存诸多不明确之处。

(1)使用时间

微课,是布置给学生的前置作业还是课堂教学时使用,设计者并没有深入思考。由于目前许多科目均有翻转课堂这一教学模式,我们在听课时常听到"大家在上课前已看过本课的微课",又能听到教师介绍说"下面我

---

[1] 陈世英:《"中学历史教学法"课实践教学改革探析》,《现代教育科学》2011年第4期。
[2] 袁从秀:《历史教学论"模块化课程"设计探微》,《西南大学学报(社会科学版)》2010年第3期。
[3] 黎加厚:《新教育目标分类学概论》,上海教育出版社2010年版。

一大困难。在课改背景下,研究将在移动背景下的历史微课运用于自主学习无疑意义重大。让学习者在课外时间通过微课程自主学习知识点和概念,课堂上能实现教师与学生之间更多的互动对话,主要用于解答疑惑、汇报讨论,从而实现真正的先学后教,达到更好的教学效果。

课堂上让学生观看微课,大部分情况下不如教师的引导讲授和师生的合作学习来得有效。不过,许多时候仍能发现,现在的课堂未必能达到当年的教学效果,许多教师会回忆嘘唏若干年前的某一次课堂上的灵感与激情。所以记录下每节课的实录,截取某一片断以微课形式给学生看,传承中反思,积累中扬弃,也是促进教师专业发展的手段。

(2)授课环境,以移动背景为主

技术最终将促进教育革命。移动时代到来,有线电话和电脑的市场正逐渐被智能手机、掌上设备、便携电脑所吞噬。在信息和需求都不断增加的时代,人们期望出现更为灵活方便的学习方式。这种学习模式使学习者可以根据自己实际需要实现按需学习,抛开时间、地点等原因带来的限制。移动学习正是人们所寻找的这种新型的学习方式,它慢慢融入到了人们日常学习。让移动电脑连入无线网络,把多媒体放进移动电话,可以自主、自由、随时随地学习将是共同愿望。借助移动互联技术,我们不仅可以通过电脑上网,还可以用智能手机、平板电脑等移动终端上网,这无疑扩大学习和教育范围,为个性化学习,终身学习提供有利条件。移动学习将改变历史教学内容的呈现方式,对当下历史教学的教与学的方式带来决定性变革。2010年5月,国务院通过《国家中长期教育改革和发展规划纲要(2010—2020年)》第十九章加快教育信息化进程的"(五十九)加快教育信息基础设施建设。信息技术对教育发展具有革命性影响,必须予以高度重视。把教育信息化纳入国家信息化发展整体战略,超前部署教育信息网络"。信息技术与历史课堂整合,对历史教学而论,既是冲击也是机遇,移动背景下历史微课设计将有更广阔的前景。

移动背景下呈现学习的自主性。历史有丰富多彩的信息资源,可为学生提供多层次、全方位的学习资源,现代网络还同多媒体技术、虚拟现实技

史海蠡测
SHIHAI LICE

术相结合,可实现虚拟图书馆、虚拟课堂等,创设虚拟的情景,充分调动学生学习和探究的主动性和积极性,真正引导学生由被动式学习向主动式学习转变。移动背景也体现学习的协作性,打破了教师在教学中的主宰地位,打破了教师和学生、学生和学生之间的相对孤立状态,极大地增强了教师和学生、学生和学生之间的协作性和交互性,设置交流平台,可以实现师生、生生互动。移动背景也体现评价的及时性,通过网络上的题库和评价系统,可使学生及时得到有关自己学习过程的反馈及有针对性的诊断,使得学生能够及时调整自己的学习。

(3)内容选择,以重难点为主

"微课"所讲授的内容应当针对疑惑点,学习不易搞懂的内容。如果说某一本书,选择一章、某一章;选择一节、某一节,选择一个片断,我的建议是取最重要的、学生最难以理解的部分。人力、物力、财力的大量投入,目的是解决学生反复去思考的重难点问题,而不是一时的所谓视听享受。

3. 技术路线与策略

高中历史微课制作需解决历史的学科知识、信息技术方面的知识技能、教育学心理学方面的理论知识三者之间的关系。合理的整合,处理好三者之间关系,是高中历史微课制作解决的问题。

(1)专业知识是核心。历史专业知识是设计历史微课的核心,历史教学的目标提升历史学科素养,历史微课教学也是提升学科素养的途径和手段。

赵亚夫提出历史有效教学的原动力绝对不在教育学、心理学,更不是教育学、心理学的教条,而是历史学本身。无论教师教还是学生学,长期经验告诉我们,凡是历史课讲不通透、说不明白的教师,大致因为史学功底和素养不够。历史微课设计不能回避史料、史实、史论,即能以求真的视角运用史料,以求实的眼光杜绝伪知识和伪命题,运用历史唯物主义与辩证唯物主义分析问题和解决问题。教学的生动性、机智性、拓展性都可从历史里找到注脚,都能成为"找史料、摆史实、讲道理"的过程。

历史课改追求的学科素养提升不能是空中楼阁,不应是虚幻无形的迁阔概念，而应有具体的内涵。历史微课制作无可避免地带入教师个性化的课程资源，这些资源目前也正以选修课开发的名义大量涌入课堂教学，学科素养问题在深化课改背景下更值得关注。我们选用哪些史料运用到历史微课，教科书增加文字阅读量，增加学习形式，如"学习思考""史学争鸣""资料卡片""自我测评"等新内容呈现，微课程的设计如何面对教材的这些变化，如何更能让学生主动自主学习。以笔者陋见，以最常见的辅学系统的课程资源为载体，坚守课堂教学阵地，怀宗教情愫般虔诚，以科学求真、思辨发展、系统完整、典型通透的视角思考历史问题，形成具体的思维品质，这才是真正培养学科核心素养的有效途径。对于历史微课的史料同样要遵循史料选择的通常要求：科学求真的而非盲目信从的、思辨发展的而非单一接受的、完整系统的而非片面想象的、典型通透的而非求新艰涩的。[①] 历史微课选用的史料问题，将对教师提出更高的要求。

（2）信息技术是支撑。历史教师除具备厚实的专业知识外，还要具备较强的技术鉴赏力和创造力，掌握计算机的操作技术，这是教育现代化发展对新时期教师所提出来的要求。在信息技术应用于历史教学符合教学目标的要求前提下，对信息技术的运用精益求精无可厚非。当下微课制作与历史学科结合的研究很少，可能是学科教师没有充分认识到技术革新对教育的重塑性的变革。如果说教师不愿意变革，至少一部分历史教师更不愿变革，对当下的新技术于教育的推进畏葸不前。对于历史微课的开发运用，教师应给予更多关注，这才符合课改精神。微课在教学中的运用追求教学效果的最优化，在教学内容呈现方式、学生学习方式、教师教学方式都将产生许多影响。在培养历史素养的目标前提下，追求教师语言的精准优美、图像的新颖活泼、视频的精彩绝伦，也是我们把微课做得精致化的要求。

（3）教学理论是指导。历史微课设计必须遵循教学法则，从来没有学者否认教学理论与历史教学有效结合的重要性，诸多学者对此展开多方面

[①] 张志胜、陈家华：《教科书辅学系统的史料价值及运用》，《中学历史教学参考》2016年第2期。

的研究并取得成效。譬如,历史微课设计是否需要小结?就学习机制而论,艾宾浩斯的遗忘曲线是客观存在,遗忘先快后慢(5%左右的隐性无用信息不会忘记,但需要强化的是另外95%的知识),对老师而言,知识保持曲线第一个遗忘点发生在1小时左右,所以小结很重要;第二个遗忘点发生在8小时左右,所以作业很重要;第三个遗忘点发生在24小时左右,所以第二天的复习很重要。很遗憾现实中的许多历史微课既无回顾复习知识,也没有总结,就算新颖出奇,本质上背离教学的基本原则。

又如,奥苏伯尔"先行组织者"可以促使学习者在其已知的材料和需要学习的材料之间架起一道桥梁,从而使学习者更有效地学习。历史微课设计在教学理论指导下才能达到最优化的学习效果。

4. 设计移动背景和课堂背景下的技术路线图

学界涉及信息技术对学科发展的影响、重要性文章较多,但真正深入到学习的时间、环境较少,尚未看到在移动环境或是课堂背景下的高中历史微课的技术路线图。在实践的摸索中,我们认为移动背景下前置的历史微课应有以下思考:

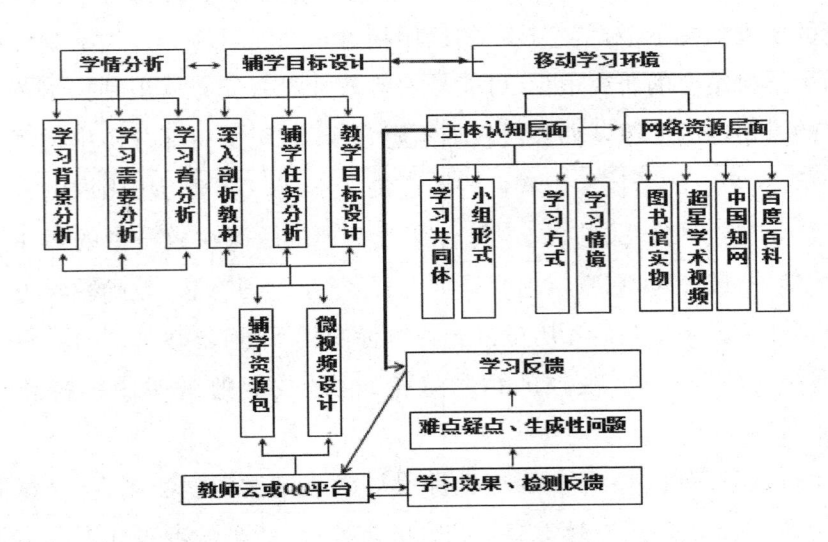

图一 移动背景下前置的高中历史微课的技术路线图

第八章 当下历史教学常见的教学理论和课程论

移动背景下,学生能浏览到的课程资源不限于教师提供的微视频和资源包,学生能通过互联网接触到数字图书馆、超星学术视频、中国知网、百度学术百科等。前置微课学习由学生课外完成,往往没有传统课堂教学的教师监督,松散的学习过程需要我们引导师生学习共同体、小组合作的组织建设。学生通过对资料包(学习任务、微练习)、微视频、和网络课程资源的学习,反馈到平台的信息是多元、繁杂和无序的,也需要教师合理的引导和评价。

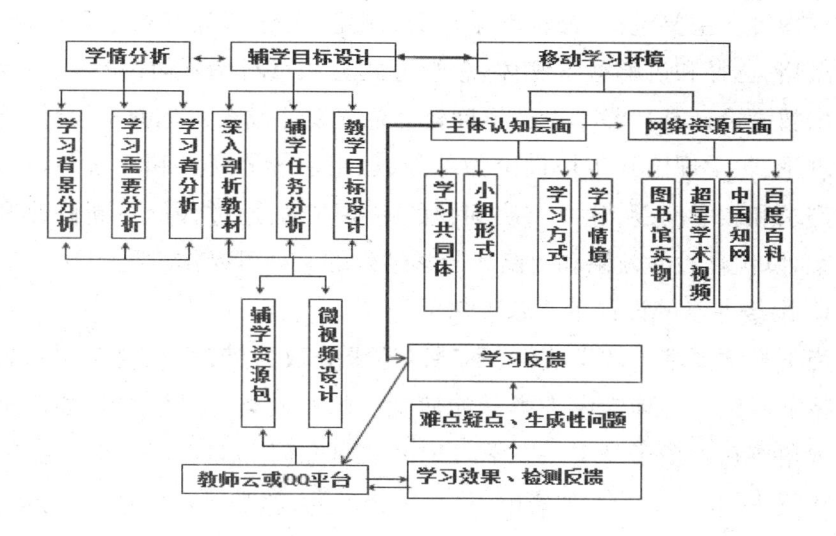

图二 课堂背景下的高中历史微课技术路线图

反之,用于课堂教学的历史微课,着重于根据学情和教材内容分析。针对重难点设计剖析问题型的微课,是针对某一知识点进行深入的剖析和讲解,使抽象转化为具体形象、隐性知识勾画为完整系统,通过微课程完成学习达到掌握知识目的。课堂上的微课设计,往往创设问题情境、提出探究问题以及分析解决问题步骤,学生观看微课的过程,师生、生生交流相对较少,学生在课堂上所获的课程资源也不如移动背景下丰富,最常见的仅有历史教科书、教师、校本教材、辅导教材等,故其反馈对象往往又指向教师。

史海蠡测
SHIHAI LICE

当然，课后复习型的历史微课，同样可以设计此类设计问题，如，如何能够让学生自主的学习和复习。结合微课课例，使历史复习能达到预计的目标。

二、围绕课堂教学的设计

针对统筹整个教学系统提出历史教学具体方案的过程。20世纪60年代末70年代初在西方形成的一项现代教学技术，成为教师教学准备工作的重要内容。主要包括：分析教学对象；制定、表述和分解教学目标；确定教学策略，选择和讲解教学媒体、教学方式方法；设计教学评价等。[①] 侯桂红提出教学设计是："教学设计也称教学系统设计或系统化教学设计，是以学习理论、教学理论和传播理论为基础，运用系统的观点和方法分析研究教学需求和教学问题，建立解决问题的策略方案，通过评价不断修改和完善方案，以优化教学效果和提高教与学绩效的一种可操作过程。"[②]

1. 围绕课堂的设计主要基于学生

当下教学要基于教学法则，不要以追求分数为借口，忽视对课堂教学基本特征研究！心理学中人类是如何学习的？人类通过学习是如何进化的？视角放在了孩子身上——学习理论的研究(回归教学最基本的特征，永远在潮头)智商对学习的影响，只在一个方面，就是学习的速度。这是心理学的研究成果，那怎样提高学习的速度呢？怎样解决学习速度问题？教学法则：渐进。另一个解决学习速度的策略：作业：渐离。

从学习机制内部找原因。艾宾浩斯的遗忘曲线：先快后慢(5%左右的隐性无用信息不会忘记，但我们需要强化的是另外95%的知识)对老师而言，是知识保持曲线第一个遗忘点发生在1小时左右，所以小结很重要；第二个遗忘点发生在8小时左右，所以作业很重要；第三个遗忘点发生在24小时左右，所以第二天的复习很重要，就把昨天的那个表格再给学生看一下就可以。学习的效率不取决于学习时间的集中投入而取决于学习时间

---

① 《辞海》，上海辞书出版社第6版彩图本，第1101页。
② 侯桂红：《近十年来历史教学设计研究的现状、问题与对策》，《教学与管理》2013年第27期。

第八章 当下历史教学常见的教学理论和课程论

的分布。很遗憾现实中的许多课堂没有回顾复习知识,也没有总结,就算新颖出奇,本质上背离教学的基本原则。

作为历史教师反思:学生经验存在于教学过程当中的,存在于哪些教学过程当中的?我们要对学生经验课程观察视角,具体而论有哪些呢?领悟课程而论,学科知识、个人经验、知识表达方式及先备知识,我们教师关注过吗?实行课程时,学习内容后,内容及知识点是否掌握?学习过程中,文本图片、教师语言、学生意见我们是否能够对学生有足够关注?预设目标与程序,对学生实际把握程度是否真正了解?经验课程而论,学生的提问与问题回答、学生作业、试卷,学生不经意间所表达的观点,教师是否能捕捉精准的信息而能有效地反馈?

历史老师要带好几幅眼镜,从哪些方面去看四幅眼镜:案例收集内容指向,看学生是否理解,就看后面的区别。怎样看学生经验,老师以为学生对这个内容是这样理解的,结果学生不是这样理解的,老师要找出学生不理解的经验支撑,理解能力,两个阶段,一个阶段是理解言上之意,一个阶段是理解言下之意。要真正解决学生的学业能力,从理解能力开始,要真正提升学生的成绩,要培养他的理解能力,促进他的发展。那怎样促进孩子的理解能力呢?——那就是阅读。阅读是提升孩子思维发展的最好方法。对阅读的理解:只从技术层面上来讲,一个功能是体验基础上的表达,通过情感认知上的体验,表达真善美;第二个功能是理解基础上的解决问题。我们教育存在的真正的问题:我们本该需要学生理解的,老师帮他理解了,然后只要学生去解决问题,而我们的考试,不仅需要学生解决问题,还要求学生理解。[①]

李继、高建文认为:"成功的课堂设问应当以学生的思维过程为基础,把握好基本知识类问题与对知识的分析探究类问题的比例、顺序和难度;同时,根据学生对问题的回答,有区别地给予反馈,做好问题的过程控制,指引学生思维能力的培养。培养学生历史思维能力和问题解决能力是历

[①] 有观点援引华东师大教授胡惠闵《教学设计的依据与方法》,选用在浙江师范大学讲座内容。

史海蠡测
SHIHAI LICE

史新课程教学强调的重要目标之一。把学生的思维过程作为课堂设问的基础,注重学生思维能力培养,对推进历史新课程教学具有重要意义。"①牟象森提出:"探究学习生活化是基于学生的生活世界,围绕源于生活且高于生活的符合学生身心发展规律的历史课题而展开,以培养学生实践能力与创新精神为目的的一种学习方式。在中学历史教学中运用探究学习,调查访问是探究学习生活化的社会实践,史料研习是探究学习生活化的必要条件,问题设置是探究学习生活化的重要保障。探究学习生活化在学习中不是单独运用,而是结合其他学习方式进行多元化综合运用,并且始终是历史接受学习的一种辅助学习方式,与之相应还要注重教师的主导作用。"②郭子其认为:"历史教学应该关注学生生命,应注重培养学生的历史批判性思维,着力培养学生的批判性思维技能和批判性思维习性。为此,教学应营造生态生成的教学文化,关注学生的情趣与责任。具体策略上应设置有效的情境,提供反思的材料;关注学生的学习方式与学习策略。"③武佩好认为:"新课程改革的一个重要的价值取向,就是倡导教育回归学生的生活,教育要关注学生的终身发展。为此,新课程实施过程中强调开放的课程观,鼓励教师开发课程资源,包括挖掘学生自身的课程资源。而学生的经验是我们教学的起点,所以新课程改革强调要让学生的生活经验进入教学过程,将学生的生活经验看作是宝贵的课程资源。"④

很显然,不论是课堂提问、学习方式的探索、思维能力的培养、课程资源的利用,当下均基于学生的视角。教师目前要反思的,是我为什么认为这样可以达到目标?应该从学生经验那里获得,而不能仅仅说我认为怎么样怎么样就可以。历史教学过程多大程度上实现了目标,关键要有具体的依据。我从学生身上观察到了什么现象?这些现象让我知道了什么?这些

---

① 李继、高建文:《历史教学中基于学生思维过程的课堂设问》,《现代中小学教育》2012 年第 9 期。
② 牟象森:《让中学历史探究学习回归生活世界》,《北京教育学院学报》2013 年第 2 期。
③ 郭子其:《关注学生情智特质让历史批判性思维教学更有效》,《中小学教师培训》2011 年第 5 期。
④ 武佩好:《历史教学中学生经验资源的开发和利用》,《吕梁教育学院学报》2013 年第 2 期。

140

知识对我意味着什么?

2. 教学要基于标准

针对学习目标,对于标准的多维度性如知识能力、过程与方法、情感态度与价值观有许多的论述。如何有效地制定并实现标准、现在标准是否合理,均有一些有见地的论述。我国有许多史家非常重视历史研究及教学的"经世致用"功能,大多数历史教学法也主张将发挥历史的社会功能作为教学目标。不过,正如葛剑雄指出的,如果一味强调"经世致用""古为今用",采取实用主义的态度,将是否符合现实需要作为评判其价值的唯一标准,这种做法是非常危险的。因为,"用"本身是一种价值判断,并不是绝对客观的,随着主体的不同会发生转变。① 大概正是由于论题复杂,见仁见智,我国《普通高中历史课程标准(实验)》在阐述课程目标时,就不太严密。这份标准在叙述了"三维目标"之后指出,在历史知识的教学过程中,既有能力的训练,也有对史学方法的了解和运用,更有态度、情感和价值观的体验与培养;历史知识教学不是历史课程的最终目标,而是提高人文素养的基础和载体。朱煜教授提出:"历史教学的最终目标是什么?是情感态度与价值观的教育,还是历史思考能力的培养?"② 或许对于这个问题执笔者团队内部就有分歧,而学校教师对它的理解互有出入也就不足为怪了。不过,可以肯定地说,我们在以往确实过于偏重历史教学的社会功能,而漠视了历史学科的学术价值,这一点,相信随着历史学及历史教学的进步会逐渐有所改变。

赵亚夫强调,历史教学目标,既为教学准则,也指导教学行动。教师们强调教学目标越具体越好,而事实上确定教学目标不过是个文本程序,对教学本身很少产生实际意义。"我们的教学还没有精细到由教学目标统领教学活动的程度。将教学目标置于目标分类学理论中加以分析,既体现在教学设计的功用,也反映应有的学习过程;既着眼目标实施过程的细节,也

---

① 葛剑雄、周筱赟:《历史学是什么》,北京大学出版社 2002 年版,第 147~151 页。
② 朱煜:《历史教学的几个基本问题——读 20 世纪初美国约翰生·亨利〈历史教学法〉札记》,《课程教材教法》2010 年第 12 期。

史海蠡测
SHIHAI LICE

顾及目标结构对有效教学的影响。"①采用马扎诺的教育目标分类学,最大的好处是在整体性、灵活性、层次性和操作性方面,为教学目标设计提供了明晰具体的评价内容,能够检测教师制定目标的程序性,也可以提升学科教学的内在价值。

历史教学除知识的传授,其历史思维能力如何培养自然是重要目标。历史的核心素养如何培育,如何能形成,许多学人加以探索。

陆有成认为:"在掌握基本历史知识过程中,进一步提高阅读和通过多种途径获取历史信息的能力;通过对历史事实的分析、综合、比较、归纳、概括等认知活动,培养历史思维和解决问题的能力。"②人民教育出版社历史编辑室的马曙慧认为对历史学习而言,关于时间的思维能力是一项必要的学科思维能力,是历史理解和历史分析的基础和前提,应该在中学历史教学中得到重视。"我国中学历史课程虽然注意时间因素在历史学习中的地位和作用,强调在教学中注意历史的时代先后和发展脉络,让学生形成正确的时空观念,但始终没有将关于时间的思维能力明确作为一项能力培养目标,也没有完整系统的概念界定。本文根据中外史论书籍,借鉴国外中学历史课程标准,对历史学习中的时间思维能力进行尝试性阐述,并对教科书如何培养时间思维能力进行初步探讨。"③

伏军认为:"情感态度价值观是指学习兴趣、学习态度、生活态度、人生态度以及个人价值与社会价值的统一体。其中,情感决定并形成态度,而态度体现情感,情感和态度是价值观形成的基础,价值观是情感态度的升华,并决定了人们对事物的情感态度。离开了情感态度,学生就变成了机械麻木'被动'装载知识点的'器皿'。无论是教参的编者、教学管理者,还是教学执行者都应该深入课堂、沉淀课堂、唤醒有生命体征的情感目标。要让情感目标不再浮于表面,真正落实、扎根于课堂,需要多方合力而为,

---

① 赵亚夫:《历史教学目标的意义与编制》,《教育学报》2013 年第 3 期。
② 陆有成:《中学历史教学实现培养能力目标的实践》,《教育导刊》2007 年第 7 期。
③ 马曙慧:《历史之"时":谈时间思维能力的培养》,《课程·教材·教法》2012 年第 2 期。

为学生的成长奠基。"①

马维林、黄敏提出:"价值教育是对人的价值的实现与提升的教育,高中历史教学中价值教育要围绕'丰富人生、完善人格,充盈人生意义、提高人的生活品质'这一核心目标进行。在当前的高中历史教学实践中,'工具价值'主导的局面没有得到根本改变,价值教育存在价值扭曲和价值偏离的现象,冷落了人的精神世界。在高中历史教学价值教育的过程中,教师应培养学生形成价值认识的能力;以现代性的视角审视高中历史教育的价值立意;弘扬传统历史文化,引领学生以全球眼光和关注人类未来发展的视角思考历史教育的价值。"②

王晓艳认为:"课程目标是课程实施的灵魂,是一切课程实践工作的出发点和归宿,'过程与方法'作为课程目标之一,是课程标准的突出特点,从理论与实践两方面正确把握这一课程目标,方能促进课程的有效实施,促进学生创新意识、创新能力的培养。"③

教师要始终关注学习目标的确定、学习目标表述与分解、基于目标的教与学分析和学习的观察维度(学习目标是否正确? 是否合适? 学习资源是否与目标有关? 是否使用得当? 是否有助于学习目标达成? 所采用的学习形式是否与目标有关? 是否有效利用了学习资源? 这一学习形式对学习目标达成的影响度如何? 检测方式是否有效检测学习目标的达成情况? 课堂提问,最简单,问谁? 问几个人? 问什么问题)等等。相比教学方法,教学目标更重要!

著,现在教学法其内容许多是教育理论、课程论的内容。

北京师范大学的著名教授张守常在《"历史教学法"的理论结构》一文中明确提出,历史教学法可高度概括为"三性、五原则、四要素诸概念"。三性指历史教学的思想性、科学性和目的性。五原则指直观性原则、系统性原则、量力性原则、积极性原则、巩固性原则,是运用教学方法的五个主要教学原则。四要素诸概念指时间、地点、人物、事件。从这四个要素着手进行历史教学,运用教学原则,设计教学方法,才能很好地引导学生掌握历史知识,加深理解并发展智力,进而形成正确的历史概念。[①]

在传统的课堂教学中,教师是教学的主角,学生是被动的听众。正如何炳松所描述的那样,教员"高站或高坐在讲台上,岸然道貌的,或者面红耳赤的,在那里讲书"。"他们以为只要讲得舌敝唇焦,使得学生听得不生疑问,就算尽了他们的天职了"。[②] 这种教学方式呆板、无聊、静态,根本没有顾及学生的反应,将会导致历史教学的失败。为实现学生自动,真正实施"动的"教授法,何炳松将"动的"教授法进一步细分为问答法、互助法、指导法,并对三种方法的优缺点进行深入分析,从而对"动的"教授法做了更为清楚的阐释。

"问答法",是指教师对学生不做任何指导或暗示,而是直接让学生自己去研读教科书,然后在下次上课时以种种问题向学生提问。这种方法完全依靠学生探索和研究历史问题,历史教师只对学生的学习状况进行检查。该方法重视发挥学生的主体地位,使学生有更多"自动"研究的机会。

生对问题的探索和解决,忽略了教师的即时监督和及时解疑,容易耗费太多的教学时间。

"指导法",是指教师在课堂上直接指导学生进行研究。在此,教学不再是教师对学生进行单纯的知识灌输。教师在教室里对学生的课堂学习进行及时指导,提供给学生一些分析和解决问题的基本方法,逐步使学生学会思考、学会研究,是教师促进学生"自动"的最好方法。"动的"教授法强调学生自动、主动地学习,也强调教师对学生的积极促进和引导作用,重视教学中的师生互动,学生与学生之间的互助,强调教师的积极引导和学生的自动有机结合,目的在于通过历史学习培养学生自主、自动以及合作的意识和能力。学习何炳松的"动的"教学法,当前应该创新自主学习的方式方法,使之向多样化方向发展,并根据具体的教学实际进行有选择的利用。

"先行组织者"教学策略是奥苏伯尔提出的一种较为完善的教学理论。该研究运用自然实验的方法对该理论在中学历史教学中的实际效果进行了研究。"先行组织者"是教育心理学家奥苏伯尔于1960年首先提出的一个概念,指在认知结构中已有的、具有普遍意义的背景观念材料,在教学中,"先行组织者"可以促使学习者在其已知的材料和需要学习的材料之间架起一道桥梁,从而使学习者更有效地学习。[1] 主动学习中,高度重视历史教师有效指导的重要作用。华中师范大学心理系张爱卿、刘华山、刘玲玲几位老师提出,该策略能提高学生的历史学科学习与保持效果,而且它对学习的帮助主要是通过提高学生的理解能力而实现的。[2] 这是历史教学为实现教学目标而制定的教学实施总体方案,包括合理选择和组织各种教学方法、教学材料,有效选择用各种教学媒体,确定教学步骤、教学形式的一种有效策略。

---

[1] Ausubel D. P. Educational psychology: A cognitive view. New York: Holt, Rinehart and Winston, 1968, 147–150.
[2] 张爱卿、刘华山、刘玲玲:《"先行组织者"教学策略在中学历史教学中的实验研究》,《心理发展与教育》2000年第2期。

史海蠡测
SHIHAI LICE

谢素贞《论历史教学法的革新》中提出:"培养学生的学习兴趣,是任何一门学科教学都要面临的重要问题。文章主要从历史教学法的革新入手,认为要实现历史教学的目标,教师就要激发学生的学习兴趣,引起师生情感的共鸣,最终达到提高学生思维能力的目的。"[①]也有学者建议从西方的历史教学法取其精华,南京大学顾露雯、汪霞提出从20世纪80年代开始,美国高校积极开发和实验"主动学习教学法",以确定哪些教学法可以有效地实现通识教育目标。其中,"回应历史教学法"通过让学生以扮演角色的方式参加一种或多种根据历史情境精心设计的游戏。她们认为这种方法能"有效地实现了以下通识教育目标:合作学习能力、写作与口头表达能力、批判性思维、道德价值观与移情、公民参与能力和全球化的视野。该教学法不仅成为21世纪美国大学通识教育实施的一种创新途径,而且对我国现阶段的大学通识教育改革具有重要的启示作用"[②]。

三、围绕教学评价的论述

历史教育是通过教学实践活动,使学生掌握系统的历史知识,培养分析问题、解决问题的能力。历史学科高考的命题是通过考试的方式,检验学生掌握和运用知识的能力水平。历史教育使学生建立了教材所提供的内容之间的联系,这里姑且称之为旧情境,而高考则是通过设计新的情境达到考查目的。可以说,历史教育和考试是神似而非形似,在完成历史学科的教育目标这个问题上,它们的实质是相同的。

对于历史的测量,刘芃同志关于《历史学科的教育与测量》一组文章,《历史教学》分三期连续摘发1994年11期、第12期及1995年第1期刊登的内容是"历史学科的能力要求""历史学科的题型功能"。《历史教学》杂志社专门有编者按:"刘芃同志从历史学科的教育与教学、考试与选拔的角度具体阐述了试题编制标准化所涉及的内容,这是他潜心研究学科教育理

---

① 谢素贞:《论历史教学法的革新》,《教育与职业》2008年第5期。
② 顾露雯、汪霞:《回应历史教学法——美国大学通识教育实施的创新途径》,《复旦教育论坛》2011年第6期。

第八章　当下历史教学常见的教学理论和课程论

论的新成果,值得历史教研员及广大历史教师认真读一读学科教育理论的深入研究,对近几年的历史教学起了巨大的指导作用。我们刊登此组文章,旨在进一步转变历史教学传统观念,改进教学方法,加大历史教学改革的力度,提高历史教学质量,培养出更多的优秀人才。"①

新课程改革以来,历史教学发生了巨大的变化,但学生学习评价方式的转变却相对滞后。历史教学评价改革首先是评价观的转变,没有观念的转变,再好的评价方法和手段,也会因指导思想的错误而偏离正确的轨道。新课程评价改革确立的基本原则是:明确课程培养目标;突出评价的发展性功能;评价方法多样化;评价内容多元化;注重评价对象的发展变化过程;充分发挥多元主体评价作用。

围绕评价的问题,没有人否认过评价问题的重要性。如今,我国提倡素质教育。素质教育是什么? 主要的一点就是着眼于帮助学生发展。素质教育理论认为,在促进学生发展的过程中,评价(包括考试测验)与教育具有同等重要的地位。②约翰生·亨利认为,考试"并不是一种纯粹的坏处。实在说起来,这是提高程度的一个重要原动力,激起学生用功的一种有力的,虽然不是完全有价值的刺激物"。关键是,人们要精心设计考试,使它的作用不仅仅在于甄别,而使之得到比考试分数还要"高尚的目的"③。

历史思维能力是能力的核心,它包括分析、综合、比较、抽象、概括等形式。培养历史思维能力就是使学生形成正确理论观点去观察、分析历史问题的素质。这种素质的形成也就是学生通过最初的模仿进而发展到举一反三、融会贯通并最终内化为自觉的思维行为而受益终身的过程。

培养学生思维能力的途径是多渠道的,因而在评价的落实上也应该是多维度的。从评价内容来说,不仅可以在逻辑思维、概括性思维、目的性思维及生产思维等方面评价,而且还可以对创造性思维(包括想象、联想、灵感等不易测量的发散性思维)评价;从评价方法看,不仅可以考试测量,而

---

① 刘芃:《历史学科的教育与测量》,《历史教学》1994 年第 11 期。
② 毛家瑞、孙孔彭:《素质教育论》,人民教育出版社 1993 年版,第 258 页。
③ 约翰生·亨利著,何炳松译:《历史教学法》,上海商务印书馆 1926 年版,译者赘言,第 2 页。

史海蠡测
SHIHAI LICE

且可以进行非量化考核。但历史学科属于人文社会科学范畴,其技能不完全等同于自然社会科学那样侧重于动手操作技能,而是侧重于心智技能。近年来,中学历史教学越来越重视对学生动手技能的培养,各地学生在活动课中制作的历史教具、模型已呈现出质高量多之势,为此经常举办中学生历史教具制作竞赛,一些教育杂志(如广州的《中学历史教学》)也多次将此类照片作为杂志封面予以刊登介绍。然而对于此类有助于提高学生兴趣,促进学生智能和个性发展的教学模式,中学历史学科的评价却明显滞后,未能及时形成与心智技能相结合的评价体系,这不能不说是一大缺陷。李继、刘坤赞提出与传统纸笔评价相比,表现性评价因其更为注重真实的评价情景、综合的评价任务和清晰的评价规则,更能符合历史新课程理念。认为要"根据历史课程标准和历史学科特征,制定合宜的评价任务和评价规则是表现性评价在历史学科运用的关键环节。进一步推动表现性评价在历史学科的运用,应当注重从外部为学校和教师松绑,注重革新教师观念,提升教师评价技能,并采取逐步推进的策略"[1]。

针对三维目标的情感态度价值观问题,我们也展开了一些评价的探索。情感教学目标是一个按不同心理等级层次排列的动态连续体,对情感领域历史教学目标落实与达成的判定是复杂而且困难的。冒兵提出:"历史教师应该认真学习情感教育和教育评价理论,掌握质性评价和过程性评价方法,努力实现历史教育的核心价值。"[2]

课后延伸:

历史学习评价对于学生学习以及影响更直观、深远,因此更需要正确面对和处理学习评价中的一些基本问题。1.科学与能动。在科学的评价体系中又能促进学生学习的主观能动性,但有时两者不能兼顾时,促进学生的学习积极性才是评价的核心取向。2.目标与过程。教学目标能够使

---

[1] 李继、刘坤赞:《中学历史教学中的表现性评价》,《现代中小学教育》2015年第4期。
[2] 冒兵:《情感领域的历史教学目标评价当代教育科学》,《当代教育科学》2013年第24期。

得评价标准更加具体化、实证化。同时学生在学业学习中的变量也应于在评价中体现,使每一个学生都能够在评价体系中看到自己的进步与缺陷。3. 一般与个别。统一学段的学生存在普遍联系性,但不同的学生、班级、学校发展又存在差异性,因此评价系统不能一刀切、僵化、刻板,因校制宜、因生制宜才能更有效发挥评价的作用。4. 定量与定性。评价的数量与评价的质量是存在一定联系的。多而无用的评价浪费学生的时间精力,也会降低评价的积极效果。5. 他评与自评。完整的评价体系中不可能仅是一方的评价。自评有利于加深学生对自我的认识,对掌握程度的自我肯定。在自评基础上的他评能够使评价更加全面、客观,可以避免单纯自评导致的虚假、自我膨胀。当然在自评与他评相结合,有利于避免偏见、随意。6. 指导和监督。指导与监督是评价的双重功能,而且两者之间可以相互依赖。评价中的学校目标可以有效指导学生需要掌握的内容与程度,同时还能监督学生的学习、落实,有效促进教学开展。

请以人民版高中历史必修二专题六第三课《当代资本主义新变化》一课为例,设计有效的评价体系。

参考书目

《马克思恩格斯选集》(第1、2、3、4卷),人民出版社1995年版。

《列宁选集》(第1、2、3、4卷),人民出版社1995年版。

《毛泽东选集》,人民出版社1991年版。

《邓小平文选》,人民出版社1993年版。

(英)柯林伍德著,何兆武、张文杰、陈新译:《历史的观念》,北京大学出版社2010年版。

(英)沃尔什著,何兆武、张文杰译:《历史哲学导论》,北京大学出版社2008年版。

(英)阿诺德·汤因比著,刘北成、郭小凌译:《历史研究》,上海人民出版社2005年版。

(英)爱德华·霍列特·卡尔著,陈恒译:《历史是什么》,商务印书馆2006年版。

(英)伯兰特·罗素著,何兆武译:《西方哲学史》,天津人民出版社2014年版。

(英)迈克尔·奥克肖特著,王加丰、周旭东译:《历史是什么?》,上海财经大学出版社,2009年版。

(英)尼尔·弗格森著,丁进译:《未曾发生的历史》,江苏人民出版社2001年版。

(美)费正清主编:《剑桥中国史》(11卷),中国社会科学出版社2007年版。

（美）杜兰特·威尔著,台湾幼狮文化译:《世界文明史》(11卷),2014年版。

（美）杜兰特·威尔著,倪玉平译:《历史的教训》,华夏出版社2015年版。

（美）阿普尔比著,刘北成、薛绚译:《历史的真相》,中央编译出版社1999年版。

（美）查理德·艾文斯著,张仲民等译:《捍卫历史》广西师范大学出版社2009年版。

（德）康德著,何兆武译:《历史理性批判文集》,商务印书馆1991年版。

（德）尼采著:《历史对于人生的利弊》,商务印书馆,2000年。

（法）马克·布洛赫著,张和声、程郁译:《历史学家的技艺》,社会科学出版社1992年版。

《二十四史》,中华书局点校本。

（汉）许慎:《说文解字》,上海古籍出版社2007年版。

（宋）宋祁、欧阳修编:《旧唐书》,中华书局1975年版。

（宋）司马光编:《资治通鉴》,中华书局2011年版。

辞海编辑委员会:《辞海》,上海辞海出版社2015年版。

顾颉刚:《古史辨》,海南出版社2005年版。

陈寅恪、唐振常:《唐代政治史述论稿》,上海古籍出版社1997年版。

包利民编选:《西方哲学基础文献选读》,浙江大学出版社2007年版。

张广智编:《西方史学史》,复旦大学出版社2010年版。

马克垚主编:《世界文明史》,北京大学出版社2004年版。

吴于廑、齐世荣编:《世界近代史》,高等教育出版社2011年版。

吴于廑、齐世荣编:《世界现代史》,高等教育出版社2011年版。

梁启超:《中国历史研究法》,中华书局出版社2009年版。

白寿彝:《中国通史》,上海人民出版社1999年版。

吕思勉:《中国通史》,中国社科出版社2013年版。

翟东林:《中国史学纲领》,北京师范大学出版社2010年版。

蒋廷黻:《中国近代史》,武汉出版社2012年版。

李侃、李时岳、李德征:《中国近代史》,中华书局2008年版。

王绘林:《中国现代史》,北京师范大学出版社2004年版。

张岂之等编:《史学概论》,高等教育出版社2009年版。

张荫麟:《中国史纲》,商务印书馆2003年版。

张家璠、陈仰光主编:《中国历史文选》,广西师范大学出版社1992年版。

张学良口述,唐德刚撰:《张学良口述历史》,中国档案社2007年版。

葛剑雄、周筱赟:《历史学是什么》,北京大学出版社2002年版。

彭刚:《精神、自由与历史:克罗齐历史哲学研究》,清华大学出版社1999年版。

彭刚:《叙事的转向:当代西方史学理论的考察》,北京大学出版社2009年版。

何兆武、彭刚:《中国古代哲学批评史》,新世界出版社2009年版。

何兆武:《历史与历史学》,湖北人民出版社2007年版。

何兆武:《历史理性批判论集》,清华大学出版社2001年版。

葛兆光,《思想史研究课堂讲录》,三联出版社2005年版。

周建漳:《历史及其理解和解释》,社会科学出版社2005年版。

张小忠:《历史、证据与想象——科林伍德的历史哲学研究》,华东师范大学2010年博士论文。

张耕华:《历史哲学引论》,复旦大学出版社2004年版。

赖国栋:《历史记忆研究》,复旦大学2009年博士论文。

孙良玉:《历史、理解与真理》,复旦大学2008年博士论文。

朱继军:《中学历史教学中历史理解素养的培育》,华东师范大学2009年博士论文。

韩炯:《历史思考的新途径:海登·怀特历史哲学研究》,中国社会科学研究生院2010年博士论文。

杨金华:《走向主体间性的理解》,华中科技大学2007年博士论文。

李桂海:《现代人与历史的现代解释》,湖北人民出版社1989年版。

于友西:《中学历史教学法》,高等教育出版社2009年版。

于友西、叶小兵、赵亚夫:《历史学科教育学》,首都师范大学出版社1999年版。

赵亚夫编:《中学历史教育学》,中国建材工业出版社1997年版。

聂幼犁:《历史课程与教学论》,浙江教育出版社2003年版。

王冰:《中学历史教学中的现代教育技术研究》,长春出版社2012年版。

齐健、赵亚夫:《历史教育价值论》,高等教育出版社2003年版。

陈伟国、何成刚:《历史教育测量与评价》,高等教育出版社2003年版。

赵亚夫主编:《历史教学课例分析》,高等教育出版社2003年版。

齐渝华、石蔷编:《历史教学课例分析》,高等教育出版社2003年版。

冯忠良等:《教育心理学》,人民教育出版社2010年版。

陈大伟:《教育科研与教师成长》,华东师范大学出版社2009年版。

莱斯利·P·斯特弗、杰里·盖尔著,高文等译:《教育中的建构主义》,华东师范大学出版社2002年版。

黎加厚:《新教育目标分类学概论》,上海教育出版社2010年版。

安德森等著,皮连生等译:《学习、教学和评估的分类学(布卢姆教育目标分类学修订版)》,华东师范大学出版社2008年版。

课程教材研究所编:《20世纪中国中小学课程标准·教学大纲汇编·历史卷》,人民教育出版社2001年版。

皮连生:《知识分类与目标导向教学》,华东师范大学出版社1998年版。

钟启泉、崔允漷、张华:《为了中华民族的复兴为了每位学生的发展》,华东师范大学出版社2001年版。

朱筱彼、方美玲:《计算机辅助历史教学》,人民教育出版社2002年版。

钟启泉:《课程设计基础》,山东教育出版社1998年版。

朱煜:《历史课程与教学论》,东北师范大学出版社2005年版。

史海蠡测
SHIHAI LICE

刘寅生、谢巍、房鑫亮编:《何炳松论文集》,商务印书馆1990年版。

约翰生·亨利著,何炳松译:《历史教学法》,上海商务印书馆1926年版。

毛家瑞、孙孔彭:《素质教育论》,人民教育出版社1993年版。

后　记

　　一本书籍的诞生，往往蕴藏着不少鲜活的故事。

　　虽然拜读卡尔、沃尔什、梁启超、葛剑雄、何兆武、包伟民等历史大家的思想巨著，研读叶小兵、徐蓝、赵亚夫、张耕华等历史学教授关于核心主义价值观的研究成果，学习聂幼犁、刘良华、李惠军等历史学科教学者的教育理念，对于许多问题的论述和理解还是很肤浅和表面的。面对高速发展的时代，不禁让我对历史教育产生思考，搬运式的课堂已经难以适应时代需要，历史课堂更应为学生留下些思考，思考中积累思辨能力，在思辨中理解现实，想象未来。如今既得几分感悟便想分享予大家，不慎之处望请海涵。

　　回想伊始，我怀揣着茫然与憧憬踏上讲台。十几载春秋，我自以为在这一亩三分田中耕耘，遵循本心禹禹前行，蓦然回首，其实有许多良师益友鼓励我前进。自2016年着手著书，便得台州市教育局教研室副主任、省历史特级教师陈家华老师的鼎力支持，更是将其作为陈家华名师工作室系列丛书之一，重点规划，一路关切。陈老师以其深厚的史学功底、前瞻的学术研究视角、独到的教学理念引领我研究的方向。着手初始，陈老师便亲临我校帮助我构思框架，提供其课题研究成果供我借鉴，并亲自承担部分写作内容。陈老师儒雅宽厚，谦虚温和，然不失严谨。我们在写作过程中得到他经常性的帮助与指导，如沐春风，受益匪浅，每每想来，感激之情难以言表。初稿完成之后，陈老师逐字逐句逐段点评修改，关键词句反复推敲，力求完美。定稿之后陈老师还为我提供成果推广平台，并助我多方联系出版事宜。从教数十载，何其有幸得陈老师提携之情，拳拳之心一纸难以言尽……

感谢北京师范大学台州附属高级中学为本书提供实践平台！北师大台州附中成立2016年，学校弘扬书院文化，采用书院管理，社科书院也是其中之一。践行"知行合一，兼善天下"，努力使学生具有国际视野、未来意识、家国情怀、书院熏陶的精英学子。《史海蠡测》作为其中一门选修课程，受到学生的喜爱，在自主自愿的选课前提下，学生人数达到38人，所有课程中居人数最多，很是意外。学校的支持与学生的喜爱使得以施展拳脚，使我们有信心将这门课程开设下去。

历史组同仁在我写作期间以不同形式给予我帮助与支持。本书许多思想受到路桥中学历史组和北师大台州附中历史组同仁的启发，两所学校历史组均具有较浓厚的学术氛围，教师更是具有高昂的教学热情，从他们身上我深切感受历史教师的使命感和责任感。青年老师陈娇与江雨佳积极参与，郭松达帮助寻找资料以及提供技术方面的帮助。感谢英语组蔡玲丽、於晨等老师在我们查阅外文资料时提供专业性帮助。

除此之外，还要非常感谢我家人珍妹和豆子对我工作的支持和理解，他们的期待和鼓劲也是我无所畏惧地砥砺前行的动力。

本书由本人、陈家华老师、陈娇老师共同编著完成。陈家华老师负责史学理论方面，供稿第一章、第二章。陈娇老师负责历史学求真性方面研究，供稿第四章以及课后延伸部分。本人负责历史理解与解释部分，供稿第三章、第五章、第六章、第七章、第八章。其中有涉及我们某些研究成果：省规课题2014SC303《历史教科书正文辅助系统的教学实践研究》；《我们应当教给学生怎样历史》发表于2013年第8期《中学历史教学参考》；《2015高考命题特点与变化》，发表于2015年第10期《浙江考试》；《教科书辅学系统史料价值及运用》，发表于2016年第2期《中学历史教学参考》;2015年浙江省教学论文评比一等奖论文《挖掘辅学系统史料价值，提升历史学科核心素养》；省规课题《深化课改背景下普通高中社科书院的实践研究》等。

  作为省级精品课程之读本，供学生传阅，马虎不得。在审稿过程中我们慎之又慎，但仍然会有疏漏之处，还望方家不吝赐教。

张志胜

2018 年 2 月 1 日